賢知の世界

各界リーダーと考える
日本の未来

第25代京都大学総長
松本紘

対談集

日刊工業新聞社

はじめに

国際高等研究所所長
理化学研究所前理事長
第25代京都大学総長
松本 紘
Matsumoto Hiroshi

ＤＭＧ森精機の企業広報誌『つながり』の巻頭対談で、日本各界のリーダーと対談をさせていただきました。いずれもすばらし方々で楽しいひと時でした。対談いただいた全ての方々に共通していたのは、それぞれの分野で国内はもちろん世界をリードするという固い信念をお持ちということでした。人生にはさまざまなことが起こります。それぞれの方は固い信念で問題を解決され、かつ将来の目標をお持ちであるという印象を強く受けました。

人間は家庭環境、教育環境、職場環境、社会環境から大きく影響を受けます。対談の中でそれぞれの方の環境が現在のリーダーシップにどのように影響を与えたかを知りたかったのですが、限られた時間の中で十分にお聞きできなかったのは少し残念ではありました。しかし、学術界に長く身を置いてきた私にとって、産業界や文化界の世界のお話は十分に面白かったと感謝しています。

私自身は中国の張家口《ちょうかこう》で生まれ、両親とともに奈良県大和郡山町（当時）の祖父母の家に戻りました。母は実質的に長女でした。しかし祖父母が離婚し、祖父が家を売却してしまったため家がなくなり、大和郡山町内の借家六畳の生活を祖母、父母、兄弟で営むことになりました。そういう生活の中で母親は、自身が教育を十分に受けられなかったという思いから私と弟の教育には非常に熱心で、学業の大切さを常に口にしていました。私が大和郡山町から奈良女子大学付属高校に入学できたときには、貧乏人の子どもの難関高校入学を珍しく思ったのか、ローカル新聞が記事にしてくれたことを覚えています。もちろん、高校生であった私は将来の職業を考えたことはありませんでした。

京都大学に進んでからも、研究者の道を歩むとは思っていなくて、電子工学を学び日本の電気関係の大きな会社に進もうと漫然と考えていました。研究とは何かも分らず四回生で研究室に配属し、卒業論文が英国雑誌に載りました。その時の思いは今でも覚えていますが、「研究というものは意外と簡単なことの積み上げなんだ」ということでした。大学院へは進もうとは思っていなかったのですが、友人の多くが進学することを表明しており、私は大学院入試の免除に該当していたため深く考えずに進学したのです。研究者を目指す多くの方が私のようにいい加減に進路を決められたとは思いませんが、職業選択は意外とぞんざいなものかもしれないと思うことにしました。

修士課程を出てやはり電気関係の会社に就職しようと思っていましたが、当時お世話になっていた前田憲一教授、木村磐根《いわね》助教授から大学助手を勧めていただきました。学位をもらうまで大学助手を務め、その後就職してもいいかなという簡単な気持ちで京都大学助手の職に就きました。とはいえ、その折にその選択に大きな影響を与えてくださったのが前田指導教授と共同研究を進めておられた大林辰蔵教授でした。大林先生は一見、大学教授とは見えない先生で、大林先生のお話を聞いて学問領域を超えた広い世界があることを知り、学術と産業、学術と文化の拡がりを感じました。それが大学助手を選択した決め手でもあったように思います。

私は、増えいく人口、不足する資源・エネルギーを考えると、日本の将来、世界の将来が心配になり、地球上だけの資源・エネルギーや土地、環境だけでは人類文明の将来は危ういと感じ、「少なくとも地球周辺の宇宙空間を理解し、それを利用することを真剣に考えるべし」と思うようになりました。いわゆるスペースサイエンスの領域の学問と、その利用を考えなくてはという思いに至りました。研究の方法としては理論、観測、実験などがありますが、私にはどれもが必要と思え、そのどれか一つを選択しようとはまったく考えませんでした。多くの恩師、先輩、同輩、後輩と議論し競い合い、同時に異なる学問分野、特に文化系の分野や考察の重要性を感じるようになりました。とりわけ海外の学会で外国の研究者と交流することはとても面白く、また強い刺激をいただいたことを覚えています。

この『つながり』で対談させていただいた方々からも多くを学ぶことができて大変感謝しています。本対談集はとても話題が豊富で、きっと「そうだ」と膝をたたくようなお話があるかと思います。紙面の関係で対談のすべては掲載されていませんが、ご関心がおありの場合にはぜひオリジナルの対談記事をお目通しいただけるよう期待しております。

※本書は、DMG森精機株式会社の企業広報誌『つながり』(2012年1月号~2024年1月号)の巻頭対談記事から抜粋して再構成したもので、本文中の内容および社名・団体名・肩書・プロフィールなどは掲載当時のものです。なお、掲載に当たり、一部、加筆・修正などを行った箇所があります。

賢知の世界　各界リーダーと考える日本の未来◆目次

第1章 社会

第2章 経済・ビジネス

第3章 科学

第4章 環境・エネルギー

第5章 教育

第6章 建築・アート・スポーツ

第1章 社会

3・11大震災後 日本の姿を考える

畑村 洋太郎
Hatamura Yotaro
東京大学 名誉教授

■Profile

はたむら・ようたろう／1941年生まれ、東京都出身。1966年東京大学大学院機械工学科修士課程修了、工学博士。日立製作所勤務を経て、1968年東京大学工学部助手、1983年同教授。「失敗学」という独自の学問を提唱、畑村創造工学研究所、NPO法人失敗学会を設立。「失敗学のすすめ」(講談社)、「技術の創造と設計」(岩波書店)、「実際の設計」(日刊工業新聞社)など著書も多数。政府の東京電力福島原子力発電所における事故調査・検証委員会委員長も務める。

記憶の時間軸で見ると、物事が見えてくる

松本　史書をひも解くまでもなく、我々は当時の人たちが生活していた基盤を根底から覆すような事故あるいは大災害を幾度となく経験してきました。京都でいうと「応仁の乱」では、文化の中心地であった町が大部分焼けてしまいましたが、それでも見事に立ち直っています。

畑村　日本という国はどこにいても、地震もある、津波もある、大水もある。ですから、日本は災害に対するある種の諦めと、「ちゃんと動いていかないといけないんだ」という諦めの裏返しのようなある種の元気さを持っています。個人としてだけでなく、社会としても両方を持っていて、それがいろいろな形になって現れてきます。今回の東日本大震災（２０１１年3月11日）では、大勢の人がボランティアで被災地に行ったり、義援金を出したりしました。それも、義務感からではなく、手助けできることは自分でしたいという形が出ています。

松本　日本人の血の中には、アダプテーション、適応する力があります。例えば、宗教一つ取ってみても、一神教で染まっていなくて、どんな宗教が入ってきても、それに馴染んできました。それも生活の知恵で、生き抜くための知恵を自然に身に付けてきました。ですから、日本列島は、一番地殻変動が激しい太平洋の端の場所ですけど、ずっと人々が生き抜いてくることができました。今回の震災では、明治以降、西洋の文化をそのままインプラントしようとして、希薄になっていた「人と人のつながり」、つまり協働とか共栄とか、共生とかいう考え方を少し取り戻す契機になったか

など感じています。

畑村　ただ、物事は時間が経てば、人の記憶から段々消えていきます。個人のレベルで考えれば当然ですが、会社のような組織でも、非常に大事だと思ったようなものも30年経つと、忘れられていきます。地域の考え方ややり方、判断の仕方は、どうも60年もすると変わってしまいます。国の文化からその物事があったことが失われてしまうのが３００年くらい、そして１２００年も経つとなかったことになってしまう感じがします。今回の津波や地震も、人の記憶という時間軸で見るといろいろなことが見えてくると思います。

松本　地震とか災害を、時間軸と結び付けると、やはり記憶の彼方に消えてしまうことがあります。例えば、京都の南には、巨椋《おぐら》池という大きな湖があって、１９３３年以降に干拓されて、農地に姿を変え、町ができました。そうすると、「巨椋池」の地名も変えられ、まったく違う名前を付けられてしまいます。山と池とか、川と谷とか名前が付いているところは、それなりの過去の記憶が地名で残っています。それは大事にしないといけません。

畑村　これまで行政にとって便利だからというので、地名や住所表示を変えて、地名にまつわる知識を平気で捨ててしまいました。そうすると、どこかでそのツケは払うことになります。そのツケが自然災害という形で、起こってくるんですね。

「少し我慢したら生きられる」と考えるリスク

松本　今回の大震災で考える一つの契機になった、生き残る方策についても時間スケールが重要となります。昔の人は、100年後、200年後の世界を考えたんですね。昔の人が300年考えられたということは、変化のスピードの違いを考慮しても、今は30年を考えないといけません。変化のスピードは思っている以上に早く、30年先の急激な変化を考えると、今やらなくてはいけないことが山のようにあります。時間スケールとエネルギースケールで、生き残りということをもっと考えて、本当にどう生きるか、そしてしっかり危機感を持って立ち直れと言いたいです。そのときに重要なのが、昔の日本人の血潮というものを大切にしながら、勤勉に、そして確かな将来展望を持つことで、それができれば、時間スケールの中で何をやるかということが自ずと見えてきます。

畑村　生き残りを考える上で、すごく危ないなと思うのは、例えば、昨年（2011年）の夏は原発をもう使わないでもなんとか通り過ぎることができ、これで多くの人が「原発に

3月11日に起きた東日本大震災によって、何もかも失った、日和山のある石巻・門脇地区。桜の咲く頃、街を覆い尽くしていた瓦礫はほんの少し撤去され、車道が顔をのぞかせていた。津波が残していった大量の泥が乾き、埃となって飛び交う中、たくましく走る球児の後ろ姿に、復興への希望を感じた。

頼らなくても、みんな生きていけると証明された」と思ってしまうことです。そして、電気の供給が減り、多少不便になっても、昭和30年頃の生活を考えれば十分にやっていけるという言い方をする人が出てくることです。

実際、昭和30年にお米をつくるのにどれだけ人力を入れていたかということを考えないといけません。技術の進歩によって、一人当たりが扱えるエネルギーの量が、僕の見たところ、今は昭和30年に比べて1000倍くらいになっています。人間一人が一生懸命働いても大体0・1馬力くらいしか出なかったのが、パワーショベルやブルドーザーといった建設機械を使うと、大体100馬力になります。1000倍になった分だけ、一人ではできなかったことができるようになるわけです。

昔と今とでは、実は機械化によって1000倍違うようなことが起こっていて、今の日本のお米とは石油が化けたものだというふうに考えないといけないのに、お米なんか余っていると考え、少し我慢したくらいのレベルでみんな生きていられるんだという前提を勝手につくって、全部の議論を組み立てているように見えるんです。

■「サステナブル」より「サバイバル」

松本　その視点は面白いですね。サステナブルより、サバイバルの時代ということを声高に言わないと、非常に危ないと思います。先生のエネルギーの1000倍スケールの話とは若干違う観点、それはスピードです。交通手段はここ数十年で1000倍になっています。情報スピードもそうです。大体1000倍前後で社会が大きく変わっているのに、明治の生活、江戸の生活をすればいいというのは、大きな間違いがそこに隠れています。
例えば、日本は工業国でここまでの地位を得ていて、貿易立国として日本でとれないもの、つくれないものを輸入して、豊かな生活を築き上げてきました。これがいつまでも続くと勘違いしています。そういう事態を象徴するのが、サステナビリティー、持続可能社会という言葉です。皆でサステナ、サステナと言い始め、日本人の将来も地球も世界も、サステインできる、将来壊れることはないというイメージを持たせてしまっています。これは罪つくりだと思っています。

畑村　時間スケールで見て人口が一桁上がったら、必ず何かが起こるというふうに見るべきです。最初に食べ物がなくなります。日本で見ても、明治維新の頃の人口は約3000万人で、1945年には約7200万人になっていたとすると、2・4倍に増えています。さらに今では、その時から1・5倍に増えています。食べるものを心配しないで生活できているということは、驚異的なことですよ。まるでこのままの状態がずっと続くようなことを考えたり、外国との関係も全部同じように保てると考えるのは、ありえないことです。

松本　開発途上国の大部分では、その生活水準は我々の10分の1くらいですから、それが2分の1くらいになっただけで、世界中の資源とかエネルギー、食糧とかが足りなくなります。40年後、2050年の世界を設計することは非常に難しいですが、無駄を省き、人助けをするという日本人が持っている価値観が世界に広がれば、時間は稼げます。できる限り時間を稼ぎ、同時に消費の在り方、生き様を考えないといけません。

（2012年1月）

心を養う

北河原 公敬

Kitakawara Koukei

第220世華厳宗 管長
東大寺 別当

■ Profile

きたかわら・こうけい／1943年生まれ、奈良県出身。1962年学習院高等科卒、1968年龍谷大学大学院（国史学）修士課程修了。1987年東大寺塔頭中性院住職。華厳宗宗務長・東大寺執事長、東大寺学園理事長などを経て、2010年華厳宗管長・東大寺別当。神仏霊場会副会長、関西ホッケー協会会長などを歴任。著書に、画集「修二会の風景」／版画：浦田周社、文：北河原公敬（レベル）、「CDブック こころの法話⑧東大寺・北河原公敬」（朝日新聞出版）、「蓮は泥の中で育ちながら、泥に染まらない」（講談社）がある。

「つながり」をもって、「縁」を大切にする社会

松本　現代社会の中では、個人が社会の中の一構成員という意識が希薄になってきています。家庭や地域、あるいは職場のつながりというよりもコンピューターやメディアでつながっている傾向が強まっています。その結果、突然の感情の爆発、人との関わりの拒絶、無気力など、心にまつわる多くの難しい問題が起き、心の在りようが問題になっています。

北河原　私ども東大寺は華厳宗で、経典は『華厳経』ですが、その中心は「縁」について説いています。あらゆる存在は決して個として存在しているものではない、必ずいろいろなつながり、作用、関連、関係があって、すべては存在をしているのだということです。ところが現代は昔の日本とは違い、核家族ですし、隣に誰が住んでいるのかも分からないといった状況にあります。食事の時間もバラバラですし、家族とも顔を合わせたことがないという話がよくあります。昔は、隣近所、村組織の付き合いもあり、何かあったら隣に「これ、良かったらどうですか」と持って行くようなつながりがありましたが、今はなかなかありません。

現代で特徴的なのは、「何かあえて言わなくても、自分に対して悪い影響がなければことさら主張しない」という、つながりを厭《いと》い、関わりを持たないといった我の出し方があるということです。自分の利益に被害が及ばない限り、他人が損なわれることに関心を持たないのです。他人との関わりを断っても、生きていけるのだと錯覚してしまえるからこそ、他人との関わりを断ってしまうのです。街を歩いていて、困っている人がいたら手を貸す、階段で重いものを持っている人がいたら

手伝うといった人間としての基本的な行為ですら「誰かが助けるだろう」と思ってしまう。物事を見る心を曇らせてしまっています。

私たち生きとし生ける者は、決して個としてこの世に存在しているわけではなく、つながりでもって存在をしているという、『考える心を育む』ことが今こそ必要です。

「心を養う」ことは、「席を譲る」心掛けから

松本　大学生を見ていても、「お前これどう思うねん」と口角泡を飛ばして論議することがなくなってきた一方で、「そんなことを言うと相手を傷つけるのでは」と思うようなことを平気で言う風潮も見られます。他者への配慮に欠けた大変悲しいことです。

北河原　日本人に限らず、人間はいろいろな心を持っています。心というのはみんながそれぞれ持っていて、しかもそれぞれが千差万別で、いろいろな考えがあっ

北河原氏（右）と、東大寺寺務所。

て、いろいろな思いを持っているのです。そういうことをきちんと認識せずに、あるいは認識していても、人の思いとか心を推し量ることなく、慮《おもんぱか》ることなく、「すべて自分が良ければみんなも同じだ」と思ってしまうのです。そうすると、不平不満が出てきますし、段々積もり積もってゆくと爆発してしまいます。そして、諍《いさか》いにもなってしまいます。自己中心的な心の持ちようが目に付くような気がします。

　そうではなくて、「私はこういうふうに思っているけれど、周りはどう思っているかな」とか、二人だけの場合なら、「彼はどう考えるだろう」とかいうふうに、他者の心を推し量る、慮るというような思いをもっともっと、私たちはしっかりと養っていく、つまり「心を養う」必要があるのではないかと思うのです。

「大きな慈しみの心を養う」ことは決して難しいことではありません。華厳経の講義をお聞きになっていた聖武天皇は、大仏造立《だいぶつぞうりゅう》の詔《みことのり》を発したときに、菩薩の大願《たいがん》を発《おこ》して、すべての人のために、人々が協力して大仏さまをつくることとしました。菩薩の大願とは、慈しみの心、気持ちでして、それが菩薩の心です。慈しみの心は、どのように養われるかと言うと、私たちでも簡単にできる行いがあります。例えば布施行の一つの「床座施《しょうざせ》」とは、「席を譲る」ということで、心掛け次第で誰でもできると思います。

■経済活動にも通じる慈悲の心

松本　経済社会においても、功利主義あるいは金融資本主義のように、儲かりさえすればいいというきらいがありました。しかし最近では、そうした考えを、変えなくてはいけないと言う人が企業人の中にも出てきました。私の知り合いで、実業家の原丈人《じょうじ》さんは「公益資本主義」ということを言っています。資本を集めて事業を起こす資本主義はいいが、企業も公的な存在なのだから、公益のために利益を分配すべきであるという考えです。経済界でもエゴとパブリックの相反する関係が問われる時代になってきています。

北河原　経済評論家の内橋克人さんが、「今までの日本経済は競争至上主義だったが、これからは競争経済ではだめだ」と言われています。「今までは競争相手を含め、他者の失敗、あるいは他者の弱みに付け込んでこちらが利益を得るとかして経済が発展してきたところが大いにあった。だけども、これからは自分の利益は他者の利益にもつながる、こちらが儲かったらあちらも儲かるといった社会にならなければならない」ということです。それを内橋さんは「共生経済」と言っていますが、まさに大乗仏教の「菩薩の心」です。そういう話を聞くと、経済活動においても菩薩や慈悲の心を持つことが大事ではないかと思えてきます。あまりに自分だけのことしか考えなくなったために、他者を思いやる気持ちが見えにくくなっているのだと思います。

良い意味での優柔不断

松本　もともと日本人は、「和を以って尊しとなす」という考えを持っていますし、宗教の世界では全体を見て、その中の自分が生かされているといった気持ちがあったと思います。ところが産業革命が起こって、技術が進み、次々と新しいものをつくらないといけないという考えで、個々の要素を考えた方が複雑な全体を考えるよりも易しいと捉えるようになりました。

現代科学のおおもとになったデカルトの「要素還元論」の導入によって、物事を細かくしていって個々の要素を理解すれば、元の物事全体も理解できるという考え方が広がりました。ですから、考え方も全体を見るということが失われてきたのです。しかし、科学の分野でも、最近では学問を細分化しただけでは物事は解決しないよという意識が出てきて、俯瞰的に全体像を見る「俯瞰論」が注目されています。

北河原　日本の温暖で穏やかな風土が、仏教で言う「草木国土悉皆成仏《そうもくこくどしっかいじょうぶつ》」という「全てのものが仏に成れる」考えを広め、和合を尊ぶ気風を育てました。相手の事情を慮るといった姿勢は、優柔不断に見えるかもしれませんが、不決断ではなく、決断するのに時間をかけるということです。こうしようと思っても、待てよと、時間をかけて一つひとつ解きほぐすことをもときには必要です。私は良い意味で優柔不断があっても良いと思います。

指導者にしても、調整型が必要です。ゆとりを失うと、私たちは単純なメッセージしか受け取れなくなります。特に、大事件が起きたときなどは、強力なリーダーシップを持った人が現れれば、物事がうまくゆくと勝手に思ってしまいますが、強いリーダーシップを求める心の底には「導かれたい」といったなまけ心があるのではないでしょうか。しかし、これだけ多くの人が狭い所に住んでいる土地では、多種多様な人の意見を聞く調整型のリーダーが必要だと思うのです。

（２０１２年７月）

福祉の在り方

佐々木 信幸
Sasaki Nobuyuki
鉄道弘済会 会長

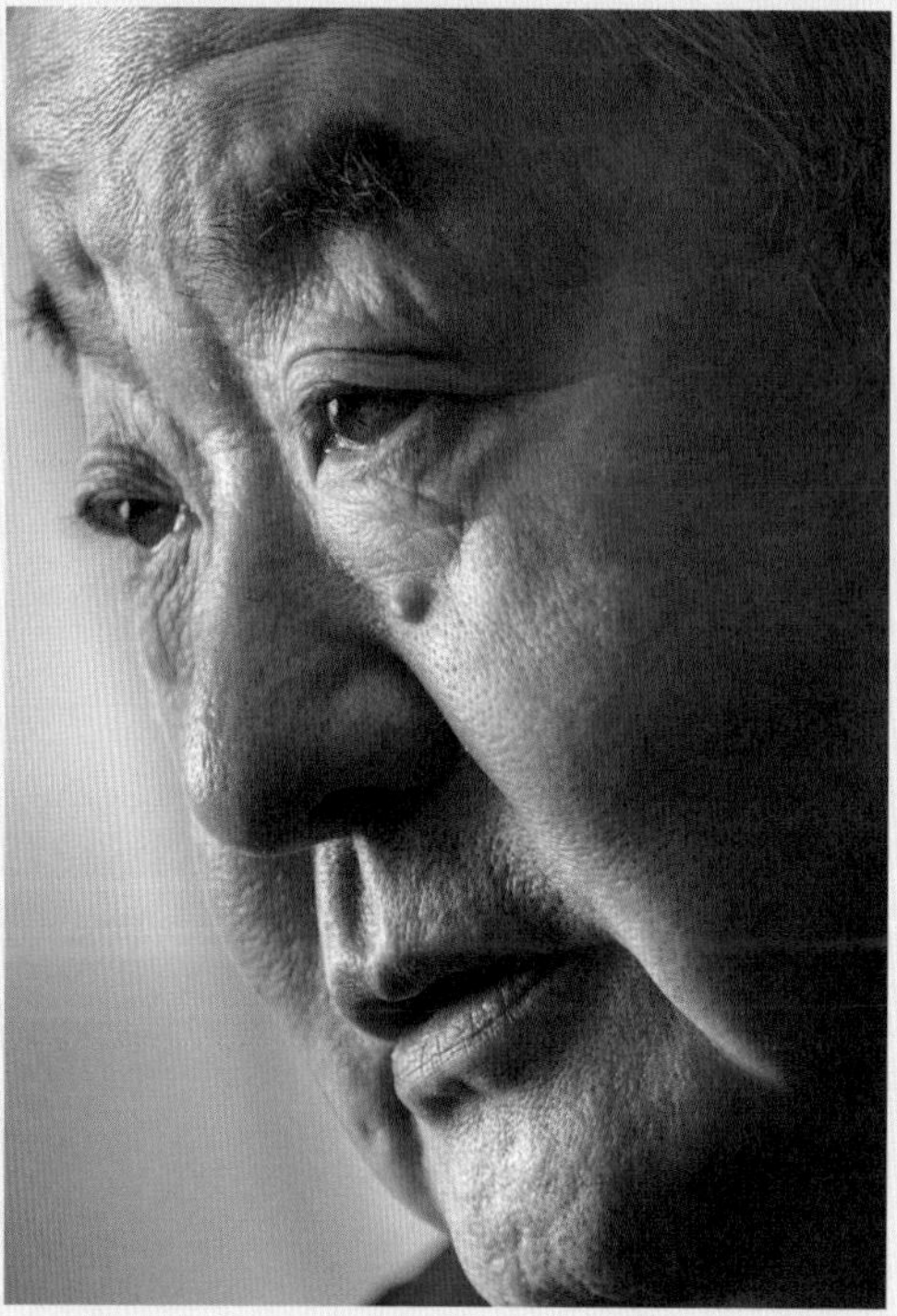

■Profile

ささき・のぶゆき／1948年生まれ、大分県出身。1972年東京大学法学部卒、同年日本国有鉄道入社、1987年東日本旅客鉄道入社。取締役人事部長、常務、代表取締役副社長を歴任し、2008年退任。ジェイアール東日本企画代表取締役社長を経て、2012年鉄道弘済会会長に就任。日本鉄道OB会会長、東京弘済園理事長。

健常者が障害者をどう見るかが大事

松本　障害者の線の引き方は非常に難しいですが、健常者が障害者と言われる子どもたちをどう見るかが、社会全体の構成上、非常に重要な概念だと思います。一方、私の経験した範囲では、障害児の中でも軽度、中度、重度と、同じような人たちが固まる傾向にあります。その中で、軽度の子はより健常者に近づきたい、中度の子はより軽度の子に近づきたいと思い、そして重度の子は諦めという感じになるような気がします。例えば、事業にお金を配分するときにも、自分たちのところにたくさん配ってください、という考え方が出てくるようになります。つまり、ある種の差別化です。しかし、障害者を抱える人たちが健常者から理解を得ようと思ったら、それは間違った考え方だと思います。

ですから、全体の福祉をやっておられる鉄道弘済会のような団体が、どういう子どもたち、あるいはどういう人たちを相手にするかというのは、よほど指導しないと「閥争い」になるのではないかという懸念を持っています。

佐々木　それは、鉄道弘済会の組織運営の中でも悩ましいところです。私どもは児童福祉から、障害者福祉、高齢者福祉まで非常に幅広く、しかも全国的に点在する形でやっています。そこで働いている人たちは、自分たちが関わっている福祉については深く理解していますが、他の福祉についてなかなか理解が進みません。組織の中でお互いの関係性が薄いこともあり、バラバラになっているのが正直なところです。ですから今、共通の認識で福祉の仕事を理解してもらうために、一つは人事の交流、もう一つはＩＣＴ（情報通信技術）などによって、活字だけの情報だった仕事の内容を映像で遠隔地でも見られるような取り組みを始めたところです。

私どもの人材教育で難しいのは、福祉について深い理解があり、かつビジネス感覚もある人材を育てなければならないことです。昔から福祉を目指してきた職員にも、社会福祉といえども経営ですよということで、収支やコストの考え方を教育しています。一方、収支でずっと育ってきている職員には、我々は鉄道弘済会の人間ですから、外の人よりは社会福祉についての知識と理解を持つようにと言っています。

松本　自分たちの仕事が社会にとってどれだけ価値があるかを自分で感じ取れれば、自己向上心が強化されます。一方で、大きな問題は、福祉事業全体にとって人材が不足していることだと思いますが。

小さな心掛け×大きな人数で福祉を支える

佐々木　人材が確保できないのは、どの福祉分野でも共通の問題です。保育所であっても、老人ホームのような高齢者福祉、あるいは障害者福祉でも、なかなか希望する方が来てくれません。

それは単に待遇が良くないというだけではなくて、社会的なバックボーンの影響も大きいのではないかと思います。やはり、福祉の仕事の価値を社会として認める、評価する風土がなければ、良い人材は集まりません。

障害児者が安心して生活できる環境を整え、自立の形に向けた療育支援を行っている総合福祉センター「弘済学園」（神奈川県秦野市）での、トランポリンを使った体育。

松本　そのためには、健常者が少しの時間を障害者に手を貸す状況ができることも必要です。例えば、車イスで交差点を渡ろうとしている人に対して、手を貸そうとする人が非常に少ないという気がします。それは、手を貸すと、押してもらった人はめったに助けてもらえないのでうれしいという気持ちが起こりますが、同時にもっと助けてほしいという眼差しで見ることもあると思います。その眼差しが、手を貸した人にとってすごくつらいと感じる。だから、初めから車イスを押さないでおこうという人が多いのではないでしょうか。ですから、もっとドライな関係で、交差点で車イスを押すのは当たり前、しかし、押し終わったら、「はい、さようなら」でも当たり前の関係を定着させないといけません。これは一例ですが、福祉は、そういうものだろうと思っています。健常者の多くの皆さんがちょっとだけ時間を出せば、「小さな数字（心掛け）×大きな人数」で福祉を支えることができます。

佐々木　私自身も、初めての福祉の仕事で目の当たりにしたのは非常に重たい世界でしたので、最初はテンションが下がりました。そこで、やはり正面から一身に背負うことはやめようと考えました。自分にはそこまでは背負いきれないわけですし、しかも今までそのような志で生活してきたこともありません。しかし、自分で背負えるレベルの背負い方はあるのではないかと思い、そういう精神的なバランスで福祉の仕事に携わっていこうと考えました。

鉄道弘済会でも、若いときから福祉に正面から向き合って仕事をしている職員もいて、本当にすごいなあと思うことがあります。逆に言うと、みんなが少しずつ福祉を理解すれば、地域福祉を社会が支える仕組みもできます。そのような環境づくりを国にはやってもらいたいと思います。

松本　一方で福祉施設の現場に行きますと重たい現実があります。私もいろいろな福祉施設を回る機会があるのですが、一人ひとりの方が気持ちの面でも肉体的にも大変重い仕事を抱えています。その結果、腰を痛めて辞めていく人、上の人と意見が合わずに辞めていく人が多くいます。少しずつみんなで仕事をする社会がなかなか実現していないのが現状です。

最後の一人をどう看取るか

佐々木　今の日本の社会は、家族でつないでいく風土がなくなりました。どういう人にとっても、最後は夫婦二人きりか一人きりになってしまいますが、高齢者施設でも、どのように最期を看取るかというのは大きな問題です。毎日、毎日、職員は死と向き合うことになります。病院の看護師さんと同じような仕事で、夜のシフト勤務もあり、なおかつお年寄りをお風呂に入れなくてはならず、重労働です。それを体力のない女性にやってもらわなければならない難しさがあります。サービスを受ける側からしますと、人に抱えてお風呂に入れてもらえることが本人にとっては一番快適なサービスになります。

松本　老齢化で、長寿命化していますから、アルツハイマーのような症状が出る人もいますし、まったく動けなくなる人もいます。みんな最初は家族で支えようとしますが、とても手に負えないという段階がすぐにやってきて、施設にお願いすることになります。ですが、社会全体で看取るという方向はまだ完全には理解されていません。国全体でどう対応していくかという議論をしないといけない大きな問題だと思います。

佐々木　結局、世代をまたがった大家族があって、その中で人が亡くなっていくというような社会ではもうなくなりました。どんな場面でも最後は一人になってしまいます。「社会が看取る地域福祉」がスローガンになっていますが、現実はなかなか真の解決策には至っていないという感じがします。

松本　人間は、ほとんどの場合、自己体験でものを決めます。今のように親と子しかいないような社会だと、親がまだ元気ですから、人が老いていく姿を見る経験ができません。三世代いれば、おばあちゃんがああなった、おじいちゃんはこうなったという姿を見ていますから、福祉は大事だと思うようになると思います。今はその伝承が途絶えています。やはり社会全体の大きな問題として福祉を考えていかなければなりません。

（２０１７年１月）

企業にとってのSDGs

根本 かおる
Nemoto Kaoru
国際連合広報センター 所長

■Profile

ねもと・かおる／神戸市出身。1986年東京大学法学部卒。テレビ朝日を経て、米国コロンビア大学大学院より国際関係論修士号を取得。1996年から2011年末まで国連難民高等弁務官事務所（UNHCR）にて、アジア、アフリカなどで難民支援活動に従事。ジュネーブ本部では政策立案、民間部門からの活動資金調達のコーディネートを担当。WFP国連世界食糧計画広報官、国連UNHCR協会事務局長を歴任し、フリー・ジャーナリストを経て2013年8月に国連広報センター長に就任。著書に「難民鎖国ニッポンのゆくえ」（ポプラ新書）など。

企業に必要な中長期的なビジョン

松本　国際連合（国連）が2015年9月に発信したSDGs（持続可能な開発目標）が掲げている17の目標に対して、どういうアクションを取ればいいかというと、一番重要なのは意識改革です。企業とSDGsの関係を見た場合、それぞれの企業がSDGsを掲げて何かをやりたいと言っても、その背景には企業のサバイバビリティがありますから、取り上げ方がそれぞれの企業で違うと思います。

根本　今の日本企業の取り組みを見てみると、実際に行っている事業とSDGsのゴールやターゲットをマッピングしている段階が多いと言えます。社会的なニーズの中で、自社の技術や製品がどう貢献できるのかといった視点を、事業計画や事業戦略の中に盛り込むという大きな捉え方が必要です。

SDGsは痛みを伴うことになるわけで、事業活動とトレードオフの関係にあるゴールやターゲットもあります。例えば、「働きがいも経済成長も」ということを考えた場合、AI（人工知能）やIoT（モノのインターネット）が進めば、短期的には無くなってしまう職種があり、その際には一人ひとりの再訓練や教育も必要になるでしょう。ですから、企業にとっては付け焼き刃的な対応ではなく、中長期のビジョンが必要になります。

松本　企業規模を問わずどんな企業にも、ユーザー、コンシューマーがいるわけで、自社の製品を買ってもらって、企業を支えている市民レベルの意識が変わっていくといった点にチューニングしていかなければ企業も成り立ちません。そういう意味では、ＳＤＧｓのように市民レベルで展開を図ることは、企業をドライブする大きな力になると思います。

根本　物を買う、サービスを買うことは、その企業に対して１票を投じるような行為です。そういう意味で、消費者の意識は非常に大きいと思います。行政でも、消費者庁がＳＤＧｓに対して大変熱心に取り組んでくださっているのは、心強いことです。最近では、プラスチック製のストローの廃止やレジ袋の有料化に、ようやく日本でも火が付き始め、行政も音頭を取って方向性を示そうという流れになってきました。

日本は諸外国と比較すると、あることに火が付くまで時間がかかりますが、ひとたび火が付くと一気に盛り上がり、トレンドができる国です。例えば、２０５０年には海の中のプラスチックゴミが重量ベースで魚よりも多くなってしまうという推計もあります。四方を海に囲まれ、魚に依存している日本としては、消費者がもっと海のことに目を向けて、海の豊かさを守るための行動を取っている企業をサポートする流れが強まってくればと思います。

2015年9月の国連サミットでSDGsが採択されたときに、国連の壁にプロジェクションマッピングで祝った。

松本　日本にとっては、ＳＤＧｓの基本概念は受け入れやすいと思います。私はよく「ＭＭＫ」と言っています。「もっと（More for Greed）、まだまだ（Money for Rich）、勝たなくちゃ（Kick others for Win）」ですが、日本は同じＭＭＫでも「みっともない、もったいない、かたじけない」です。「みっともない」はプライドを持てということです。

子どもの頃、「そんなみっともないことをするな」とよく言われました。「もったいない」は、われ唯足るを知る（吾唯足知）です。「かたじけない」は感謝の心です。これは、まさにＳＤＧｓの背景にある共生と同じです。ですから、日本が主導して、もっと日本の文化を世界にアピールする良い機会ではないかと思うのです。日本ではＳＤＧｓという概念を受け入れやすいですし、すでに実践してきた企業もかなりあります。

■「三方良し」を地球レベルで考えたＳＤＧｓ

根本　日本の企業社会の中では「売り手良し、買い手良し、世間良し」の「三方良し」という言葉が、強い価値観となって根付いています。ＳＤＧｓはそれに「将来良し」「地球良し」と二つ足して、「五方良し」だと説明すると、企業関係者の方々はすぐ納得してくださいます。三方良しを、地球レベルで考えたのがＳＤＧｓであるということです。

ＳＤＧｓの根底には、ダイバーシティー、インクルージョン、人権という考え方があります。限りなく異なるものを仲間として巻き込むという思想です。アントニオ・グテーレス事務総長も、残念ながら今は、「Trust Deficit Syndrome（信頼欠乏症）に陥っている」と訴えています。

貿易や核軍縮、紛争解決の面を見ても、残念ながら今の世の中は、一国主義あるいは信頼欠如の言説の方が強まってきています。国連は、マルチラテラリズム（多国間主義）のシンボルのような存在なわけですが、どうやったらその信用というものを取り戻せるのか、厳しい正念場にあると思っています。やはり、自分に置き換えてものを考えられる自分の経験というものが大切になり、極端な行動あるいは言説に走るブレーキになります。

松本　企業も同じで、グローバリズムで日本のマーケットが縮小する中で、諸外国へ出て行ったときに、受け入れ国に溶け込むのが難しいといった経験をしています。最初は、日本の国が出しゃばってきたという気持ちがあるかもしれませんが、企業は努力してその国の文化や慣習などを身に付けながら居着き、その国に溶け込んでいきます。

そのときに、ＳＤＧｓという共通の目標を定め、どの国もその目標に取り組んでいることが分かれば、日本の企業もＳＤＧｓに基づいて世界に出て行くケースが増えていくのではないかという気がします。外国に出て行っている企業は苦労をしており、共通認識がなければ非常にやりにくい状況になっています。一国だけならその国の文化だけを考えればいいのですが、多国籍になってきましたから、ＳＤＧｓは企業にとってもプラスになるはずです。

ＳＤＧｓは世界の共通言語

根本　言ってみれば、ＳＤＧｓはある種世界の共通言語です。同時に、この共通の物差しがあれば、自分たちで好事例や教訓、失敗をお互いにシェアし、学び合えます。それが日本を含めた先進国が、ＳＤＧｓに熱心に取り組んでくれている背景の一つにあります。日本の場合、言語の壁がありますから、依って立つべき共通の座標軸があると、メリットになるはずです。

松本　例えば、今ＥＵ（欧州連合）で起こっていますが、途上国からの難民を受け入れるか受け入れないかという二つの意見があります。難民というのは、やはりよその国の人という捉え方が強くあります。ですから、受け入れを反対する人もいます。アジア文化、特に日本人は共生をずっと行ってきました。世界でも、基本的にはご近所と付き合う、友だちを助ける、友だちから助けてもらうということがあったはずです。しかし、国レベルになると対立が起こります。ＳＤＧｓが国境を越えて共生をシェアできるようになれば、国と国との対立も緩和されるという期待はあります。ですが、一方で難しいという意見があるのも事実です。

根本　２０３０年までＳＤＧｓは灯台のように存在します。いずれＳＤＧｓの発展型として後継に関する議論が起こりますが、そのときにはＳＤＧｓに熱心に関わってきた日本の関係者も議論に参加するはずです。

国連にいて感じるのは、目標というものは必ずしも到達できるものばかりではないということです。そこは諦めないで、後継、次の後継とつないでいきながら、世界をより良い方向に引っ張っていくことが大切だと思います。

（２０１９年1月）

コロナ禍に学ぶ

松山 大耕
Matsuyama Daiko
臨済宗大本山妙心寺 退蔵院 副住職

■Profile

まつやま・だいこう／1978年生まれ、京都市出身。2003年東京大学大学院農学生命科学研究科修了。埼玉県新座市の平林寺で3年半の修行の後、2007年から退蔵院副住職。2009年観光庁Visit Japan大使に任命、2016年「日米リーダーシッププログラム」フェローに就任。2018年から米国スタンフォード大学客員講師。2019年文化庁長官表彰、重光賞［ボストン日本協会］受賞。著書に「大事なことから忘れなさい～迷える心に効く三十の『禅の教え』～」（世界文化社）、「京都、禅の庭めぐり」（PHP研究所）、「ビジネスZEN入門」（講談社新書）がある。

いかに、みんなの心を一つにまとめるか

松本　コロナ禍が長引く中、一般市民の生活だけでなく、さまざまな組織の在り方が大きく変わっています。そして、ウイズコロナの「新しい日常」を生きていくには、心の持ち様が問われます。

松山　コロナ禍で思うのは、歴史に学ぶことに意味があるということです。最初に疫病がはやった記録が残っているのは、奈良時代の天然痘です。そのときに東大寺の大仏さんがつくられましたが、東大寺の大仏さんはいわゆる日本で初のクラウドファンディングのような存在だったのです。民衆の心を集めるのが、宗教の役割です。ですから、今のコロナ時代にどうやって皆さんの心を集めるのかが、私たちの課題です。

それから、聖マリアンナ医科大学で出している、弥生時代から現代までの日本人の平均寿命の推移という論文によると、この2000年間で一番平均寿命が短かったのは、平安後期から鎌倉時代で、平均寿命は約24歳という推定です。その時代はどういう時代だったかと調べてみると、東日本大震災の1100年以上前に当たり、東北地方の三陸沖で貞観地震という大地震がありました。浅間山（長野県・群馬県）の大噴火もあり、その噴煙のおかげでロンドンでは金環日食が見られなくなったと言われています。ものすごく寒い時代で、飢饉《ききん》が多数起こり、平安中期に約500万人だった日本人の人口は、鎌倉時代には350万人にまで減ってしまったという大変厳しい自然状況でした。その時代に現れたのが親鸞聖人であり、日蓮上人であり、臨済宗も日本に入ってきて根付きました。宗教としては非常に重要な時代です。疫病もそうですが、これから東南海地震などの自然災

害も予想されるなど、自然状態の厳しい時代にもなりかねません。そういったときに、本当に力のある宗教家が出てくるのではないかというある種の期待と、宗教界としての責任を同時に感じています。

松本　人々の心をどうやって一つにまとめるかは、非常に難しい問題です。優秀な人物が現れて、その人を中心に心がまとまっていくというケースも当然あります。鎌倉から室町時代にかけて多数の仏教の宗派が勃興したのも、戦乱で飢饉が頻発した時代背景がありました。それ以前のお坊さんは、多くの人が高僧と言われる学僧でした。実際、町の中に出て行って人々の心の安寧を何とかしようと思っている方は少なかった

松山氏（手前）と、
妙心寺退蔵院の茶室。

のではないでしょうか。それが現実に世の中のためになり、人々と密接につながるような仏教に変わったのが鎌倉から室町の時代です。

自らの分野を出て活動する

松山　今（2020年時点）から5年ほど前に、ローマ教皇であるフランチェスコ教皇がイタリアで主催された宗教家会議のパネルディスカッションで、私のある質問に対し、ローマ教皇が、カトリックの神父さんに対してお話をされたことをご紹介してくださいました。

それは、現代のカトリックの神父さんのやるべきことは二つあるということでした。一つは教会から出るということ。教会にはキリスト教に

重要文化財「袴腰の玄関」。

救いを求めている人は来るけれども、興味のない人は来ない。だから、自分から出て行って、世の中で何が問題なのか、皆さんが何に困っているのかというのを自分で知らなくてはいけないと言うのです。二つ目は、その際には、聖書の言葉を使うなということです。何百年も前の偉人の言葉をただ単に引用しても何のリアリティーもない。そうではなくて、自身を語れと言うのです。

その言葉はパワフルで心に残りました。現在のコロナ禍で、なかなか自分から積極的に外に出られない中、どうやって自分の役割を果たしていけばいいのかを考えたとき、自らの分野を出ようという思いをローマ教皇のメッセージが後押ししてくれました。

松本　結局どんな人でも、「私はどうして生まれてきたんだろう？」「人生って何？」「命って何？」ということはどこかの時点で考えます。特に、今のように目標を失って、心に大きなぽっかりした空洞ができたときに、子どもたちは「自分の一生はどうなるんだろう？」と考えます。コロナ禍の今の状況は、生き方を見直す良い機会になると思うのです。これはあらゆる人、あらゆる職業の人に当てはまります。

ソクラテスは嫌な質問をして皆の自覚を促したと言われますが、ウイルスがソクラテスの代わりをしてくれていると捉えることができるかもしれません。

（２０２０年10月）

第2章

経済・ビジネス

特効薬の無いグローバル経営

茂木 友三郎
Mogi Yuzaburo
キッコーマン株式会社 取締役名誉会長・取締役会議長

■ Profile

もぎ・ゆうざぶろう／1935年生まれ、千葉県出身。1958年慶應義塾大学法学部卒後、同年4月キッコーマン入社。1961年米国コロンビア大学経営大学院（経営学修士課程）修了。1995年代表取締役社長CEO就任、2004年代表取締役会長CEO、2011年より取締役名誉会長。行政刷新会議議員、新しい日本をつくる国民会議（21世紀臨調）共同代表、日本米国中西部会会長、日独フォーラム日本側座長、日韓フォーラム日本側議長などを歴任。経済同友会終身幹事。1999年に藍綬褒章を受章。

「需要創造」がグローバル化のキーポイント

松本　経済のグローバル化がますます加速しています。老舗の醤油メーカーであるキッコーマンは日本の製造業ではいち早く米国に進出し、世界各地にグローバル展開されていますが、成功するには幅広い考えが必要になります。

茂木　グローバル化はきっかけがないとなかなか始められません。キッコーマンの場合はグローバル化せざるを得なかった事情がありました。先の太平洋戦争中は原材料が不足して醤油の生産は減っていました。それが回復したのが昭和20年代で、まさに醤油はつくれば売れる時代でした。しかし、昭和30年代になり、醤油の生産量が戦前のレベルに戻り、国内の醤油の需要は伸び悩んでいました。醤油は生活必需品ですから、1日に使う量が決まっていて、人口の伸び程度しか生産量が増えません。当時の日本経済は、1960（昭和35）年の池田勇人内閣の「国民所得倍増計画」を契機に、高度成長を始めたわけですが、醤油全体の需要は大幅な成長が見込めなくなりました。

そこで二つの戦略を打ち出しました。一つは、醤油が売れなければ他のものをつくって売る「多角化」、もう一つは、国内で醤油が売れなければ海外で売る「国際化」です。そういう必要性に迫られてグローバリゼーションのスタートを切ったわけです。

松本　グローバル化は商品のマーケットを探して、とにかく現地生産さえすればいいという話ではありません。現地の文化、風習、生活習慣などをよく知った上でマーケットを探して出て行かなければ、現地に根付きません。

茂木　マーケットを拡大する大事な点は需要をつくり出すということです。別の言葉で言えば、「需要創造」できるかどうかが、グローバリゼーションの場合には重要です。経営学者のピーター・F・ドラッガーが「企業の重要な役割の一つは、人々の持つ欲求を有効需要に変えることだ」と言っているように、企業がやるべきことは顧客ニーズを有効需要に変えていくことです。

米国の市場開拓を進める上で最も効果的だったのは、スーパーマーケットなどの店頭で行ったインストア・デモンストレーションでした。七輪のようなコンロを店頭に持ち込み、肉を醤油につけて焼いて、それを小さく切って爪楊枝《つまようじ》に刺して、お客様に食べていただきました。

ただ、デモンストレーションで醤油の味を分ってもらっても、どのような料理に使えばいいかを伝えるには不十分でした。そこで、力を入れたのがレシピの開発です。米国の販売会社の本社にホームエコノミストという女性の社員を何人か採用し、朝から晩まで彼女たちに米国料理に醤油がどうやって使えるかという研究をしてもらいました。それをレシピにし、新聞社に売り込んだのです。珍しさも手伝ってか、喜んで掲載してくれました。これは非常に有効でした。

技術優位性の確保が勝負の分かれ目

松本　海外のいろいろな国々に進出している日本企業が、現地で需要を掘り起こしていくにはポイントがあると思います。

茂木　東洋に原点を持つ醤油のような商品は、現地に入るのがとても大変です。ところが入った後は、こちらの方が先輩ですから、割合と技術優位性が確保できます。一方、西洋に原点を持つ商品は、自己紹介をしなくてももともとそこにありますから、マーケットに入るのは簡単です。ところが技術優位性を確保するのが大変なんです。ですから、西洋に原点を持つ企業は、技術優位性が確保できるかどうかがポイントです。

しかし、西洋に原点を持つ商品でも、海外で成功した日本企業の例はいくらでもあります。例えば、自動車や電気製品は明らかに海外に原点があります。ですから、技術優位性が確保できれば、何とか勝てます。ところが最近、日本は技術優位性の面で少し信用をなくしているという感じがします。

松本　日本の企業が海外で苦労するのは、技術を高めていったら売れると思っていた商品が社会の需要と合わなくなってしまった時です。例えば、アップルが伸びたのは、テクノロジー的には日本の企業とそんなに変わらないのに、文化という需要をよく読み取って製品化したからです。「製品はテクノロジーとリベラルアーツの交差点でできた」と、スティーブ・ジョブズも言っています。ですから、文化と技術をうまく組み合わせることが重要です。

茂木　顧客の欲求といっても、表面に出ているものを抽出するのは簡単ですが、欲求の中に潜んでいるものを読み取ることが重要です。

キッコーマンが国内で販売している商品に「物菜の素」があります。卵などを一品加えれば、家庭で簡単に料理ができる商品です。今は女性の社会参加が増え、料理をつくる時間が短くなってきています。そうすると、家庭で料理する作業をメーカーが代行する、商品の中にビルトインすることが求められているのです。その初歩的な商品が、つゆやタレです。その商品が進化し、顧客の欲求の中を読み取り、家庭でつくっていた料理をメーカーが代行したのが「惣菜の素」です。

■「良き企業市民」であり続ける

松本　経営の現地化を進めるに当たっては、現地の需要を掘り起こすとともに、地域にいかに溶け込むかといった地道な努力が大切になってきます。

茂木　「良き企業市民」であり続けることが欠かせません。米国のウィスコンシン州に工場を建設しようとしたときに、地元の人々の反対がありましたが、地道に理解を求めた結果、何とか工場建設の許可を得ることができました。その過程においてさまざまな経験をしたことが、「良き企業市民」の考えの原点にあります。

企業がその地域で長期的に存在していくためには、社会、とりわけ地域と共存共生していかなければなりません。そのためには、「良き企業市民」となり、経営を現地化していく必要があります。それには、できる限り現地に近い企業と取引することが第一です。また、工場には現地の人をできるだけ採用し、登用することを考えました。しかし、醤油づくりはなかなか微妙な技術で、現地で技術者を養成するのは難しく、特に品質管理に関わる技術系のマネージャーはどうしても日本から派遣しなくてはなりません。そういう状況も考慮しながら、現地の人を可能な限り採用、登用しています。

一方、日本人の従業員を地域社会に溶け込ませる努力もしています。例えば、日本人が同じ地域に住むことがないように、あえて分散して住まわせています。そして、地域のお祭りなどの催しなどにも積極的に参加させるようにしています。

「良き企業市民」になることも含め、グローバル経営の舵《かじ》取りには、多くの課題を克服していかなくてはなりません。私は、企業のグローバル化や国際戦略に近道や特効薬はないと思っています。試行錯誤をしながら、一つずつ経験を積んでいくことが成功の道を開くと実感しています。

（2012年10月）

茂木氏（右）と。

日本企業を支える、ものづくりの精神

常盤 文克

Tokiwa Fumikatsu

花王株式会社 元会長

■Profile

ときわ・ふみかつ／1933年生まれ、福島県出身。1957年東京理科大学理学部卒、花王に入社。米国スタンフォード大学留学後、大阪大学で理学博士取得。研究所長、取締役、社長、会長を歴任。三菱地所社外取締役、日本モノづくり学会会長など多方面でも活躍。主な著書に「知と経営」「質の経営論」（ともにダイヤモンド社）、「モノづくりのこころ」「コトづくりのちから」（ともに日経BP社）、「新・日本的経営を考える」（日本能率協会マネジメントセンター）などがある。

「物質」「人」「魂」が重なり合ってこそ生まれるものづくり

松本 そもそも「ものづくり」という言葉は、大和《やよと》言葉です。江戸以前から日本のものづくりは、精緻で、よく考えたもののつくり方をしています。

常盤 ものづくりは、人間存在の本質にあるものです。「もの」という言葉には、まず物質的な「もの」がありますが、人のことを「者」と書いて「もの」と言います。また、ものの怪《け》とか、もの淋しいとか、霊的なものも「もの」と言います。つまり、「もの」とは物質であり、人であり、魂（心）であり、この三つの相が重なり合ったところに、真のものづくりがあります。ものづくりを外国語に訳そうとしても、いい言葉が見つかりません。Production でも、Manufacture でも、Fabrication でもなく、「ものづくり」は、やはりものづくりということです。

経済・産業がすごい勢いで伸びている韓国は、日本に追い付いたと自負していますが、一つだけ日本に学びたいものが「職人魂」と言うのです。他の誰にも真似のできない「個質」と、人の感性に訴える「感質」の二つの「質」をつくり出していくのが職人の技です。心のひだに触れるような「質」を追求するところに、企業が成長する余地があります

松本 「丹精込める」と言います。お腹の底から自分の気持ちを込めてものをつくる心構えです。日本人の場合は、昔から単にものを納めるのではなく、ものを通じて真心を相手に伝えるという気持ちがありました。四書五経の『大学』に「心ここにあらざれば、視《み》れども見えず、聴けども聞こ

えず」という言葉がありますが、日本人は心とテクノロジーの両方持っていますから、胸を張っていいと思っています。

常盤　ただ、ものづくりを支える科学や技術への取り組み方自体は見直すべき時期に来ています。これまでの研究や技術開発は、要素還元的なアプローチで、物事を際限なく細分化する方向で進んできました。要素が分かれば全体が分かるだろうという錯覚がありましたが、今、改めて要素を統合して考えないといけない時代です。小さな知に横串を通し、大きな知にくくり直す方向に舵《かじ》を切らなくてはなりません。そこに新しいものづくりの道があります。

企業でも部分最適ではダメで、全体最適が必要だということを盛んに言うようになりました。部門に焦点を当てて物事を見ていると、いつの間にか全体を見失ってしまいます。ある部門だけ、ある事業だけ良くても企業全体として良くならないといけません。部分と部分が互いに生き物のようにつながり、全体で見ると一つの有機的なシステムであるような仕組みづくりが必要です。

重要なことは、部分と部分との関係、また部分と部分をどうつなぐかということです。ヒントが、中国の陰陽・五行の思想にあります。

この思想は今から2500年以上も前に生まれたものです。万物は五つの行―木・火・土・金《ごん》・水―のいずれかの属性を有しており、それぞれの間に相生《そうしょう》（互いに助け合う）、相克《そうこく》（互いに相争う）という相互依存関係があって、その均衡の中で個と全体が結び付いていると説いた思想です。「木・火・土・金・水に当たる、企業における5つの行（要素）とは何か」、企業において、部分と部分の関係を論議するには、大いに参考になると思います。

日本のものづくりには、「職人魂」が生きている。

組織力をより強くする「筋交い構造」の考え方

松本　日本の企業の場合、トップが社員全体にメッセージを出すと、中間管理職はトップの顔を見ながら、部下を指導しなくてはいけない組織になっています。結局、社員はトップを見ずに、中間管理職を見ないと上にあがっていけないピラミッド型のシステムが組織力の大きな阻害要因になっているように思うのですが。

常盤　必ずしもピラミッドという格好ではありませんが、少なくとも縦割りになっていて、縦割りだけではどうしてもセクショナリズムに陥ってしまいます。例えば、組織を縦割りにするカンパニー制や事業部制は互いに競わせて、採算性を向上させる狙いがあると言われてきましたが、半面、組織としての一体感が欠けてしまう弱点があります。ある意味で自己中心的な部分も目に付くようになり、その結果、部分最適に陥っているわけです。

もっと横に手をつながないといけません。ただ、横につなげるだけでは縦につながりません。経営者は、縦と横が上手に交流するように、そして交流の中から新しいものが生まれる仕組みにしないといけません。建築物を強固にするために、縦と横だけでなく、斜めに筋交いを渡す「筋交い構造」と同じように、組織力を強めるためには、筋交いの役目を経営者が担っていく必要があります。

松本　日本の企業は技術に勝ってビジネスに負ける、ということをよく聞きます。例えば、知的財産にしても、たくさんいいものを持っているのに、米国の知財ハンターが日本の知財の期限切れを狙って持って行って、ビジネスにしています。

常盤　私は、経営に技術を生かすというよりも、技術に経営を入れ込むという見方がないとダメだと考えています。例えば、韓国のサムスンは、経営を技術に織り込んで開発をしています。ですから、密度の濃い、焦点の絞れた研究・技術開発ができるわけです。それが、サムスンの強さの一つです。技術に経営を入れ込んで、技術（Technology）→製品（Products）→市場（Market）→技術という「ＴＰＭ」サイクルを上手に回していくことがＭＯＴ（Management of Technology）であると考えると、「ものづくり経営」であるＭＯＴによって新しい製品や市場を創り出せれば、新しい世界が見えてきます。

「よきものづくり」に必要な「絶えざる革新」

松本　「僕の前に道はない　僕の後ろに道は出来る」という高村光太郎の詩は、技術の世界でも同じだと思います。その分野では素人の知恵がないと、新しいことはできません。玄人だと、これだけやったのだから、もう無理だと言って諦めたり、新しい芽が見えなくなり、新しいものがなかなかつくれません。

常盤　「よきものづくり」を実現するためには、「絶えざる革新」が必要です。ひとときでも同じ場所にとどまっていたらダメです。常に物事を改善、改善そして革新していかなくてはなりません。革新（イノベーション）は、本当にその気になれば誰にでもできることではないかと思います。あまり難しく考えないことです。まず限界を設けない。そして、限界を超えて新しい世界を見て、そこで新・旧もろもろの要素を組み合わせて新しい結合をつくる。この二つをはっきり定義しておけば、イノベーションに挑戦してみようという人も出てきます。技術力や創造力に関して言えば、中小企業は大企業に優るとも劣りません。これからは中小企業の役割は大きいと思います。中小企業の人たちも、自らもっと誇りと自信を持ってもらいたいと思います。

アップルのスティーブ・ジョブズは日本に来ると、まず中小企業を訪問したそうです。そこには他国の企業にない素晴らしい技術や部品がいっぱいある。だからまず訪問するのはそういう技術を持っている、あるいは部品を持っている中小企業だったようです。イノベーションと呼べるような製品であるｉＰｈｏｎｅやｉＰａｄも実はその部品の半分以上が日本製だったのです。

日本にとって、ものづくりは生命線です。ビジネスの要素、技術の要素はいっぱいあります。これらの要素をどう結合して新しいものをつくり出すかは、企業トップの着想力、構想力にかかっています。日本の命綱である「ものづくり」から絶対手を離さないためには、経営トップが旗を振って、社員に目指すものは何かを示し、もっと前向きに考え、上を向いて歩くようなムードをつくらないといけません。

（２０１３年４月）

競争優位の企業力

山西 健一郎

Yamanishi Kenichiro

三菱電機株式会社 取締役会長

■Profile

やまにし・けんいちろう／1951年生まれ、大阪府出身。1975年京都大学工学部卒。同年三菱電機入社、2003年生産技術センター長、2006年常務執行役生産システム担当、2008年上席常務執行役半導体・デバイス事業担当を経て、2010年代表執行役社長に就任。2014年4月に取締役会長。

競争優位を保つキーポイントとなる設備の内製化

松本　グローバル化が進む中、日本の技術優位性が揺らいでいます。技術優位性の低下は、国際間の産業競争で日本が苦戦を強いられている大きな要因ともなっています。

山西　日本は半導体メモリーのＤＲＡＭにおいて、過去に世界トップの技術を誇っていました。それが何十年か経過するにつれ、日本の競争力は低下していきました。その原因は、ものづくりの優位性が半導体デバイスメーカーから失われたことです。

ＤＲＡＭがスタートした頃は日本の半導体デバイスメーカーのレベルが圧倒的に高く、エンジニアがデバイス設計から生産技術まで把握して、装置メーカーを指導して装置をつくらせていました。ところがある時代からこれが逆転し、装置メーカーがデバイスメーカーのエンジニアを取り込み始めた結果、装置メーカーの技術レベルがデバイスメーカーを凌駕《りょうが》するようになりました。そして、装置メーカーは装置に組み込まれた製造のノウハウや生産技術を海外に売り出しました。それによって、日本以外の半導体デバイスメーカーでは、仮にメモリーの開発をしなくても、装置メーカーの指導を受ければ、半導体デバイスがつくれるようになりました。こうした状況は、半導体メモリーだけではなく、液晶パネルや太陽光発電の太陽電池（セル）にも起こっています。

松本　リストラなどによって、高度な技術を持ち、総合設計のできる日本人技術者が職を失い、韓国や台湾、中国の企業に就職していることも、日本の競争力が落ちた理由の一つです。人材を含め、日本の競争優位を復権していかなくてはならないと思います。

山西　日本が競争優位を保つには、機能設計、構造設計だけではなく、それらが組み込まれている設備の製造をいかに日本の企業内に取り込むかが大きなポイントになります。三菱電機では今（2014年）、パワー半導体に力を入れていますが、できる限り社内に設備を取り込んでいます。ウエハーの表面加工の設備は、過去から使われている前工程の装置を使いますが、裏面加工については、パワー半導体は特殊な加工ですから重要な設備は自社でつくっています。また、その後のアセンブリーをしてモジュール化する設備の多くも内製化しています。ですから、汎用的な設備は外部調達しますが、それ以外のキーとなる設備は自社でつくっているわけです。こうして設備を囲い込むことによって、人材の流出も抑えることができます。

日本としての優位性がどこにあるのかを考え、どこに力を入れ、どう継続していくかが重要です。例えば、パソコンや携帯電話では、内蔵する部品では国内にも強いメーカーがあります。ところが、部品を調達して組み立てるだけのパソコンメーカーは、付加価値が存在しなくなり、価格も安くなりますから、人件費や税金の安い国でつくっている企業が勝ち残っていきます。

日本人の優位性である人間性と倫理観を磨く

松本　高付加価値製品に特化して、秘匿技術を含めて、他社が追従できないような技術に依存する製品に注力するのは、競争力優位を保つ上で欠かせない戦略です。高付加価値製品は、消費者層が限られますが、確実に必要としている人がいますし、発展途上国も段々リッチになっていきますから、いずれ高付加価値を求めるようになると思います。

山西　競争優位を保っていくためには、一つの強い事業をいかに拡大していくかですが、三菱電機の場合、新興国を中心に需要が伸びているエレベーターなどはいい例です。いろいろな事業を海外に展開している中で、海外で日本の技術が評価されるのは、品質と高信頼性、それに安全性です。

松本　日本が優位性を保っていく上でベースになるのが、日本人の持っている誠実さです。江戸時代には士農工商という身分制度がありましたが、身分に関係なくほとんどの人が寺子屋に行っていました。何のために勉強したかと考えると、向上心を伸ばす、心を磨くということに注力をしたのではないでしょうか。1549年に日本に初めてキリスト教を伝えたフランシスコ・ザビエルも、「キリスト教徒以外では、日本人が最も優れている」と書き残しています。

ですが、私が心配しているのは、昔から続いてきた日本人固有の倫理観、あるいは学問・知識に対する考え方が、戦後70年経って西洋化して、大きく変わってしまったということです。

山西　企業で上に立つ人間は闘争心と倫理観が大事です。特に倫理観は、日本人の優位性です。海外のビジネスで品質、信頼性、安全性を守れるのは、倫理観がベースにあるからです。日本がこれから厳しいグローバル競争に勝ち抜くために必要なのは、人間性や倫理観です。それが、品質や信頼性、安全性、潔さ、決断力、評価の公平性などに反映されます。

（2014年4月）

企業経営のこころ

堀場　厚
Horiba Atsushi
株式会社堀場製作所　代表取締役社長

■Profile

ほりば・あつし／1948年生まれ、京都市出身。1971年甲南大学理学部応用物理学科卒。1977年米国カリフォルニア大学大学院工学部電子工学科修了。1971年オルソン・ホリバ社（米国）入社、1972年堀場製作所入社。1982年取締役海外本部長、1988年専務取締役を経て、1992年代表取締役社長就任。日本電気計測器工業会副会長、京都商工会議所副会頭、米国カリフォルニア大学アーバイン校ボードオブアドバイザ委員などを務める。著書に、「京都の企業はなぜ独創的で業績がいいのか」（講談社）がある。

研究開発投資は、人を育てること

松本　日本企業の国際競争力の低下が指摘される中で、京都には世界トップを守り続けている企業が多くあります。堀場製作所も自動車の排ガスや血液中の赤血球・白血球の分析など、世界最高レベルの分析技術を持続しています。

堀場　経営は戦いだと感じます。読みです。私が営業本部長のときに、HORIBAの強みは何かと考えていたのですが、やはり自動車関連しかありませんでした。そこで、社長（1992年）になってから理化学研究開発の幅を広げるために、フランスのジョバンイボン社を買収しました。

当社にはX線や紫外線、赤外線の分析装置はありましたが、可視光の装置はありませんでした。ジョバンイボン社は200年ほどの歴史がある会社で、あるとき、会長と社長が「HORIBAの傘下でやりたい」と言ってきました。ただ、3カ月以内に決めるという条件でしたので、我々としてはそれまで短期間で買収をした経験はありませんでしたが、現地の工場を見て3カ月で決断しました。

ジョバンイボン社がHORIBAの傘下に入りたいと言ってきたのは、1年前の1996年に買収していたフランスの血球計数装置メーカーABX社に対する私のマネジメントの仕方を見ていたのだと思います。私は現地主義で、ある程度現地に任せながら経営するオペレーションを取っていましたので、自分たちもそういう形だったらHORIBAグループに入ってもいいと判断したのだと思います。

松本　「一利を興すは一害を除くに如かず」という言葉があります。一つの利益のあることを始めるよりも一つの害を取り除く方が良いということですが、不景気のときこそ、経営者の勇気を持った決断が必要になります。

堀場　日本の企業の多くは、景気が悪いときは何もしないどころか、開発費を削ったり、人員を削減します。そうすると、将来に向けた投資ができていないので、景気が回復しても上昇気流に乗れません。当社では半導体が大きな赤字になったとき、その解決策として、医学用と半導体の工場をドッキングして、半導体の社員を医学用にシフトし、回復時の急な立ち上げにも対応できるようにしました。その間にも攻めの投資を続ける姿勢を貫いていました。

不景気なときこそ攻めの姿勢を持つことは、創業者である父の頃から当社に流れている研究開発投資のやり方です。研究開発投資というとお金のことに聞こえますが、実は人を育てることなのです。生産が落ち込んだときは、研究者や技術者を育てるチャンスでもあります。会社に入って5年間くらい教育し、専門性のある仕事をして、10年目くらいにやっと競争力のある製品を開発できる技術者に育つわけですから、その間は社員への投資なのです。

■企業という「家」のまとまり

松本　昔の日本企業の強みは、ファミリーという意識を持って、レイオフをしないで違う仕事をしてもらって技術の継承を図り、また元の仕事に戻すということを実施してきました。

堀場　企業が競争力を維持し続けるには、社員みんなで一つの方向に進んでいくという精神的な紐《ちゅう》帯《たい》が欠かせません。職人の精神的な支柱になっている「家」を大切にする京都には、集団としての精神的な紐帯を重要とする風土が残っていて、それが企業の強みにもなります。グローバルな事業展開が進む中で、言葉や人種、生活習慣がまったく違う社員でも、企業という「家」を中心にまとまっていこうという考え方が大切です。

また、「家」という点では、日本には協力会社という強いインフラがあります。中小企業の協力会社は各種のものづくりのノウハウを持っています。こうした強みは、海外ではなかなか手に入りません。協力会社との強い結び付きは、納期や品質など、世の中の速い流れに合わせていくときの競争力になります。

松本　「家」をまとめていくには、社長はアジテーターにならないといけないと思います。自社の製品と、競合する大企業の製品と比べたら、「自社の製品が強い」と、社長がずっと言い続ける姿勢が社員の士気を上げることにつながります。トップがアジテーターにならなければ、社員がバラバラになって競争に勝てません。

堀場　社長がいい意味のアジテーターになって計画を立てたときに、社員が発奮して、目標に向かって突き進む姿を見るのは非常に楽しいことです。当社も社員が5000名以上いますが、6割が外国人です。研究開発型で、博士号を持っている人も国内50名、海外で100名くらいいます。そういう人たちとチームを組んで、一体となって動くというのは、経営の面白いところです。

松本　トップマネジメントには社員の心が読める、相手の苦労が分かることが欠かせません。加えて、個性を持った人材をどう育てるかが重要になります。

堀場　トップになるには、専門性がないとダメです。技術分野でも管理分野、マネジメント分野でも、何か柱を一本持っていないと、トップとしての力が備わりません。よくビジネススクールへ行って経営者になると言っている人がいますが、米国でも独自の技術を持つ優秀な企業であっても、技術軽視のビジネススクール出身の人が会社を潰しています。ゼネラリストになるにしても、自分が専門とする柱がリーダーとなる人間には必要です。

そういった人材を育てるためには、小さい海外の子会社や出先の会社でスケールの小さい規模で責任を与えることが必要です。やはり、修羅場を経験した人間は強くなります。一回も失敗をしていない人間がトップになると、大きな失敗をしてしまいます。私は社員に「大いに失敗してください」と言っています。失敗をして、自分自身で痛い目に遭えば、自分の体験を知恵に進化させることができます。

産学連携は技術革新の生命線

松本　京都にはオーナーカンパニーとして成長してきた優良企業が多くあります。今成功している経営者の方々は創始者の意志を強く意識しており、しかも京都で育ち、大学と協力して新しい技術を編み出し、ユニークネスを追求してきました。

堀場　京都の企業にはオリジナリティーを大事にする風土がありますが、昔と今の産業では、要求される技術が違っています。使えればいい、動けばいいというのではなく、今は完成度の高さが際限なく求められます。絶対故障をしてはならない、性能の変化があってはいけないといった具合に、工業製品にするまでのハードルが高く、壊れたときも責任を追及されます。

　ですから、アイデアを持った一般の人がビジネスに持っていく際には、スタッフや試験設備の面で不足がちで、法制度や規制を通すノウハウもありませんから、企業や大学と組まないと、実際にビジネスとして軌道に乗る確率は小さい時代になっています。米国のベンチャーが成功しているのは、社会構造としてビジネスの仕組みが非常にうまくできているからです。

　今の時代は、ものづくりの事業を自ら立ち上げて成果を出すには、一般的に10年から20年はかかりますが、その期間をいかに短くするかが勝負です。そのためには産学が連携し、さらに企業同士がお互いの立場と権利をきちんと認め合えば、いいチームを組め、事業化の道も開けると思います。

（２０１４年１月）

堀場氏（右）と。

社会に優しいクルマづくり

小口 泰平
Oguchi Yasuhei

芝浦工業大学 名誉学長
NPO日本自動車殿堂 会長

■Profile

おぐち・やすへい／1937年生れ、長野県出身。1959年芝浦工業大学機械工学科卒。東京大学生産技術研究所にて自動車の研究に取り組み、1963年芝浦工業大学専任講師、助教授を経て教授。1991年システム工学部長、1997年学長。この間、東京大学生産技術研究所の研究員を兼務、通商産業・文部・運輸省などの委員会委員。2001年日本自動車殿堂会長、2005年国際交通安全学会会長。主な著訳書に「自動車性能論」(三栄書房)、「ボッシュ自動車ハンドブック」(日経BP)。瑞宝中綬章。工学博士(東京大学)。

人間の心理特性に配慮した「ヒューマン・フレンドリー・ビークル」

松本　21世紀の自動車市場を左右する2大技術と言えるのが、「環境」と「安全」です。ハイブリッド車や電気自動車の普及が進む一方、自動ブレーキや自動運転システムといった「賢いクルマ」の開発競争も激しくなっています。

小口　私たちが移動するときには、三つのパターンがあります。一つは点の移動で、航空機がそうです。二つ目は、線の移動で列車です。そして、三つ目が自動車による面の移動です。高齢化社会を迎えて、面の移動と人それぞれの個の移動に欠かせない自動車の存在感は増していきます。

こうした状況で、これからの自動車は今以上に「使う人、地球環境、そして社会」に優しいクルマになっていかなくてはなりません。自動車産業の成長過程では、ともすれば「供給側の論理」が主体になりがちでしたが、これからは「使い手側の論理」に沿ったものになることは間違いないでしょう。技術的な進歩によって自動車が大きく変わったように、次の世代のクルマづくりを左右する重要な要素になるのが「マインドウエア」です。人間の心理特性や生理特性を配慮した思いやりのある自動車、私はこれを「ヒューマン・フレンドリー・ビークル」と定義しています。

松本　マン・マシン・インターフェースは、自動車を考える上で大変重要です。もともと人間の感性で言うと、自動車は新幹線のように時速300キロメートルで走れませんが、人間と新幹線の中間にあって自分でコントロールしながら走れます。しかし、常時、自分の感性と一致しているとは限りません。危ないと思ってブレーキを踏んで、止まれる人と止まれない人がいます。運転する人の個体差をどうするか、という問題が発生すると思います。

小口　一人ひとりの個性の違いに応じてドライビングシステムをドライバーに合わせるという発想から、大学の研究室のレベルですが、高精度のテーラーメイド運転支援システムや高度な自動操縦システムの研究が進んでいます。テーラーメイド運転支援システムは、ドライビングシミュレーションによって、ドライバーの制御や操舵、加速などのそれぞれのドライバーカルテをつくり、それを免許証のＩＣチップに取り込みます。この運転免許証でエンジンを始動、刻々と変わる運転行動を計測・解析し、神経回路網（ニューラルネットワーク）理論や人間が持っているあいまい（ファジー）理論を駆使して、その場に合った最適なハンドルやブレーキ、アクセル操作などを行う仕組みを追求しています。

これからは、完成車や部品メーカー、ＩＴ産業に加えて、想定外の異業種の参入もありうると思います。海外でも完成車メーカーが大学と組んで、高速道路における自動運転システムなどの開発に意欲的に取り組んでいます。

未来に負の遺産を残さない

松本　自動車の形態についても、現在のエンジンから、既存のエンジンと電気モーターを組み合わせたハイブリッド車、電気自動車、いずれは水素を燃料とした電気モーターで車輪を駆動する燃料電池自動車（ＦＣＶ）が普及すると思います。

小口　これからの自動車は、環境や社会についても、それらに与える影響を重視して、未来に負の遺産を残さないように努めることが重要です。そう考えると、電気自動車への期待は大きいと思います。蒸気機関車はエネルギー効率が15％くらいで、85％のエネルギーは捨てていましたが、内燃機関のガソリンエンジンはエネルギー効率が約25％、ディーゼルは約30％あります。それに比べると、超電導モーターは50％近いという試算があります。昔、人のエネルギー効率の研究を旧ソ連邦の実験論文で見ましたが、大ざっぱに言いますと50％でした。燃料電池自動車や電気自動車の究極は、人の効率に近づく50％あたりではないかと予想されます。

松本　自動車の安全の基準は随分上がってきました。それに対応して、エアバッグやクラッシャブル（衝突安全）ボディーなどの技術が進歩し、ドライバーの安全、あるいは乗員の安全はかなり守られるようになってきました。一方、歩行者の安全については、ボンネットやバンパーを工夫するといった試みはされていますが、歩行者を巻き込んだ事故は絶えません。

小口　「社会に優しいクルマづくり」という観点からは、これまでの自動車は、車内のドライバーや乗員の安全を最優先して考えられてきました。しかし、まず自動車の外にいる人たちの安全を守っていくことが、車社会のあるべき姿です。最近になってようやくボンネットエアバッグが一部のメーカーでつくられている程度ですので、これからの開発が待たれます。

（２０１４年７月）

イノベーションが創る日本

蛭田 史郎
Hiruta Shiro

旭化成株式会社 常任相談役

■Profile

ひるた・しろう／1941年 生まれ、福島県出身。1964年横浜国立大学工学部応用化学科卒、同年旭化成工業（現旭化成）入社。エンジニアリング樹脂工場長、レオナ工場長、エレクトロニクス事業部門長、経営戦略担当役員などを歴任、2003年4月代表取締役社長に就任。7年間の社長在任期間に、旭化成グループの持株・分社化やグローバル展開を推進。旭化成常任相談役、日本経済新聞社社外監査役、オリンパス社外取締役、立命館大学大学院経営管理研究科客員教授などを歴任。

限界に突き当たっている社会をどう変えていくか

松本　今は、生き残りという意味で、個人をはじめ家族、コミュニティー、企業、地域、日本国、そして人類全体の生存がかかったいろいろな問題が噴き出ている時代です。こうした状況に対応して、変革をしていかなければ皆が共倒れになります。危機の時代に直面していることを、国民一人ひとりが認識しなくてはいけないと思います。

蛭田　日本が高度成長期の供給律速の中で経済も国も豊かになれた時代には、資本主義市場を享受できる人口は、日米欧の10億人で済んでいました。しかし、資本主義市場に発展途上国が入ってきたことで、対象人口が増え、世界の市場規模も拡大していきました。その中で起こったのが、供給律速から需要律速への変化です。

これに対して、当初日本は生産を海外に移すことでグローバルに対応していきましたが、現時点では世界の70億人強が一つのマーケットだという前提でグローバルに事業展開しなくてはいけなくなっています。しかし、国民、産業界の意識を含め、その対応が遅れている部分がかなりあるのではないかと感じています。

資本主義市場に参画するプレーヤーが膨大になったことで、産業革命以降の物質文明の豊かさを追求した産業の仕組みそのものに限界が見えてきているということです。いろいろな意味で限界に突き当たっている現状を解決するために向かうべき方向を明確にし、産業構造、あるいは税制などの仕組みも変えていかなくてはなりません。

日本には世界を変える発信力がある

松本　日本には、世界を変える発信力があります。それを発掘して、伸ばすことが大切です。ですから、イノベーションという言葉は海外から入ってきましたが、米国のやり方を真似している限り日本本来の変革はできません。

蛭田　日本のイノベーションでは、過去には江崎玲於奈《えさきれおな》さんがつくったエサキダイオード、最近ではiPS細胞があります。あるいはソニーのウォークマンは、歩きながら音楽を聴く新しい文化をつくりました。

日本は過去に、世界を変えるイノベーションのもとを数多くつくってきましたし、日本人にはイノベーションの素質が十分あると思います。ただし、世の中がより複雑化し、多様性を取り込んで製品化していく時代になって、イノベーションが比較的少なくなっています。例えば、アップルのiPhone、iPadは個々の部品は日本製が多いのですが、出来上がった製品として見たときには海外の製品になり、海外が主導権を取っているのが現状です。いろいろな技術を融合しながら、ソフトをうまく組み合わせ製品化していく中で、競争力を付けていくイノベーションについて、日本は必ずしも強くありません。

松本　ウォークマンや薄型テレビにしても、日本人が開発した製品です。こうした実績に対して胸を張って、我々は優秀な国民であることに自信を持って、これからの社会を変えていかなくてはいけないと思います。そのためには、大和心をベースに、世界と渡り合えるような価値観を産業界も国民ももう一度構築すべきです。そういう意味では、今の教育も変えていかなくてはいけません。

昔の日本では、読み書きそろばんから教えて、いろいろな科目を順々に身に付けていき、あるレベルに達すると、その知識を自分の頭の中で組み合わせて、新しいものをつくり出してきました。基礎があったわけです。

蛭田　日本がノベーションで世界をリードしていくには、いろいろな制度を変えていく必要があります。大学だけに限らず、企業の中にもまだまだ変化しないといけないところがあります。例えば、これからの企業変革は日本でもM&A（企業の合併・買収）だと言われますが、私の理解ではM&Aは経営の設備投資やR&D（研究開発）と並ぶ一つの経営の手段であって、M&A自身が目的ではないと考えています。しかし、M&Aそのものを目的化してしまっています。変革のゴールが何なのかということが、最近の日本は希薄になりがちになっています。

イノベーションを求められている分野は多くあります。再生可能エネルギーで人類が持続的な営みを続けていくためにはどうすべきか、人が長生きするようになれば、今までになかった健康に対するニーズも出てきます。

日本はもともと「和を以て貴しとなす」という文化の国ですから、いろいろな分野の人が知恵を出し合って全体最適を追求する国民性を持っています。ですから、全体最適によって世の中を変える変革やイノベーションを世界に発信していけば、競争力のある産業を構築できるはずです。

（2015年1月）

日本の食文化

泉谷 直木

Izumiya Naoki

アサヒグループホールディングス株式会社 社長兼CEO

■Profile

いずみや・なおき／1948年生まれ、京都府出身。1972年京都産業大学法学部法律学科卒、同年朝日麦酒（現アサヒビール）入社。広報部長、経営戦略部長、常務、専務を歴任し、2010年社長。2011年に持ち株会社制への移行に伴いアサヒグループホールディングス社長に就く。2014年から社長兼CEO。

日本の食文化の特徴は、彩りと香り、そして「おもてなし」と「しつらえ」

松本　日本の食文化の一つである和食が、２０１３年にユネスコ無形文化遺産に登録されました。人間が生活するには、食べること、飲むことがベースになりますが、それに文化、文明が絡み、それぞれの地域の食文化が生まれます

泉谷　和食がユネスコの無形文化遺産に登録されたのは、彩りや香り、周辺の「おもてなし」、そして私が好きな「しつらえ」を含めた文化が認められたからだと思います。世界の三大料理はフランス料理、中華料理、トルコ料理で、それぞれ特徴があります。フランスでつくられる作物は小麦で、直接食べにず粉にして牛や羊に食べさせて、その肉を食べていますので、小麦と肉の食文化と言えます。中国では米が採れますから、米や汁、鍋の食文化です。トルコでは東西の食が融合しています。

松本　食にお酒はつきものです。お酒を飲みながら食事をする際は、味も香りも雰囲気も、食だけのときとは違います。

泉谷　日本料理の基本的な膳立ては、「一汁三菜」です。汁の部分でいうと、みそ汁はご飯と一緒に食べますが、懐石料理ではお吸い物が出てきます。お吸い物は椀物でも、実は相手はお酒です。ご飯が相手のときにはお吸い物は出てきません。三菜はいわゆるおかずで、酒肴になります。日本

の一汁三菜の食文化と切っても切れないのが、お酒なのです。そのお酒がビールであるのか、清酒であるのかという違いはあるにしても、必ず食とともにあります。

お酒は消化を進める効果がありますし、口の中にたまった味をいったん落とす効果もあります。ビールでいえば、炭酸ガスが入っていて、胃が刺激されて活性化しますので食が進みます。

食文化の変化でいいますと、最近は日本の家庭での味付けが薄くなってきています。例えば、砂糖や塩の一軒当たりの購入はずっと減ってきています。一方で増えているのが油です。料理がどんどん薄味化をしながら、西洋化していると言えます。そうすると、飲み物が変わってきます。ビールも昔のように、冷奴とピーナッツで飲んでいるときは濃い方が良かったのですが、段々料理の味が薄くなってくると、濃いビール

「和食」は、四季折々のバラエティーに富んだ新鮮な食材の味わいが生かされている。
(なだ万の季節の料理「春陽」)

を飲んでいると、味が分からなくなってしまいます。今では、ビールも食事に合うキレが重視されるようになっています。

食を引き立てる、脇役のお酒

松本　飲料は口の中に入れたときにフレーバーとして鼻を通る香りが、味に影響を及ぼしています。日本酒やビールは味が主ですが、ウイスキーやブランデーは最初に香りを嗅ぎます。

泉谷　飲料は、見る、嗅ぐ、飲むなど、五感を念頭にマーケティングしています。ですから、お茶にしてもビールにしても、まず見ておいしそうかどうかから始まります。さらに口に入れた瞬間の香りと、飲んだ後にクッと上がってくる香りをどうするかを考えます。ビールの場合は、喉をスカッと通り、飲んだ後に残らない商品をつくることが大切です。私たちは良い商品をつくるだけでなく、お客様が飲む瞬間にいい品質かどうかという「飲むとき品質」にこだわっています。今までは工場出荷するときにいい品質であれば良かったのですが、お客様が飲む瞬間が最高の品質でないとダメなわけです。

私たちの商売は単に「モノ」だけを売っているのではなく、お客様が精神的に豊かになるといった付加価値、つまり「コト」を含めて、物語性のある商品をつくり出していくことが大切です。これにより、生活の中に私たちの商品が存在感を持ち得るのです。

松本　飲料水で言いますと、お茶は食事のときなどに飲むほかに、茶道という文化をつくり上げてきました。アルコールでいえば、清酒はお神酒《みき》として神様に供えるという風習があり、文化と密着した飲まれ方をしてきたように思います。

泉谷　日本ではビールは歴史的に新しい商品ですから、きちんとしたビール文化をつくってきたかというと、清酒に比べるとまだまだです。清酒がつくってきた祭礼行事に関わる文化とは違う領域で、多様な生活シーン、例えば人生の中で「やったぞ！」という瞬間や感動を覚えたとき、あるいは仲間と一緒のときなどに、必ずビールが出てくるといった文化をぜひつくっていきたいと思っています。

　ただ、お酒は食の文化においては、実は主人公ではなく脇役です。しかし、脇役がいることによって、主人公の料理がさらに映える、おいしくなるという名脇役なのです。その役割をどうやって私たちがつくり出していくかが大切だと思います。単に喉を潤すという意味での飲み物の役割もありますが、食文化の中で捉えた場合、自分たちが主役だと思っていると、それはとんでもない間違いを犯すことになります。

食文化を伝え、つくっていくことが生活文化を高める

松本　食は非常に幅が広く、文化、宗教、実は経済活動にも関係しています。こうした中で、地域によって食文化は違いがありますが、同じ食文化を持った地域でも年齢層で考え方の違いがありま

す。年齢層の違いには時間軸が入っているわけで、人の一生の時期によって食と飲の嗜好《しこう》がどう変化するか、あるいは時代とともに平均的な嗜好がどう変わっていくかなど、時間軸の中で食文化がつくられていくと思います。

泉谷　パリとニューヨークと東京で、世代別に『あなたはどの食べ物が好きですか?」という質問をした調査があります。それによると、パリとニューヨークは、加齢による変化だけです。ところが日本は太平洋戦争の前と後で文化的な断絶がありますから、加齢だけでなくて世代で好きな食べ物が大きく違っていて、日本だけは非連続になっています。そのため統計的に読めないところがあり、それが日本の食を分析する上で難しい点になっています。特に1970(昭和45)年以降に生まれた人たちは、朝起きて台所に行ったら、お母さんがご飯を炊いてみそ汁をつくって、まな板で何かを切っているという風景を知らない世代です。それ以前に生まれた人は、朝起きたらお母さんがみそ汁つくっていた世代です。

食事には家庭の団欒《だんらん》もありました。家庭の団欒があることによって、子どもたちも親がお酒を飲んでいるのを見ているわけです。ところが個食時代になって、私たちはよく「だけ食」という言葉を使いますが、一人だけ、一回だけ、一品だけという食生活になってしまっています。日本の食文化を伝えていくとともに、若い人たちも交えて新しい食文化をつくっていかなくてはいけません。

食文化を伝え、つくっていくことによって生活文化を高め、その生活文化が経済の活性化につながればいいと思います。少子高齢化が進む日本の将来を考えた場合でも、社会の新しい仕組みを食から見出していくことを考えています。

(2015年4月)

観光立国・日本の魅力

濱田 賢治
Hamada Kenji
株式会社ホテルニューグランド 代表取締役社長

■ Profile

はまだ・けんじ／1954年生まれ、島根県出身。1978年東京大学法学部卒、同年日本国有鉄道入社、1987年東日本旅客鉄道入社。東京地域本社旅行業部長、財務部長、執行役員横浜支社長を経て、2009年ホテルニューグランド取締役、2010年横浜ステーションビル代表取締役社長、2012年日本ホテル常務取締役に就任。2013年からホテルニューグランド代表取締役社長。

■キーポイントとなる地方空港の利用

松本　日本政府は成長戦略の中で観光立国・日本の実現を目指していますが、最近（2015年時点）は訪日外国人が随分増えています。

濱田　今年（2015年）は観光客のインバウンド（訪日外国人）が、1800万人を超えると言われていますが、訪日外国人がハイペースで増えている要因の一つに、地方空港の利用があると思います。最近は、東京、関西といったゴールデンルートを行ったり来たりするのではなく、例えば、「富士山」効果もあって静岡空港に入って、成田や羽田空港で帰るといった動きに変わってきています。北海道でも台湾やオーストラリアの方が、地方の空港を使ってどんどん入って来ています。今後も、格安航空会社（LCC）の乗り入れが進む地方空港を外国人観光客のためにいかに使っていくかが、大きなポイントになると思います。

松本　宿泊施設が不足しているようですが、関西ですとホテルが足りないということもあり、「民泊」の需要が結構あるようです。訪日外国人の中には、日本の家に泊まってみたいという人もかなりいると聞いています。

濱田　インターネット民泊仲介サービスの米国エアビーアンドビー（Airbnb）というウェブサイトには、日本全国で泊まれる家が数多く登録されています。マンションや個人の家に1泊6000

円くらいで泊まれるようです。すでに、利用がものすごい勢いで広まっていることも事実です。例えば、横浜では「こういう景色が見える」「こういう部屋です」というガイドが、ウェブサイトにアップされていますから、利用者には便利です。しかも、泊まった方の感想などもウェブサイトにアップされますので、悪いところは改善されているようです。

大切な「おもてなし」の文化

松本　海外の方に「日本の文化を代表するものは何ですか」と言われると、非常に難しいのですが、神社仏閣をはじめ、山、川、海という自然の美しさはもちろんあります。あわせて、日本に来て良かったと思ってもらうためには、日本の人々の生活を体験してもらうことを含め、地域の人たちが観光客とどう接するかが大きいと思います。

濱田　日本の良さの一つとして、よく「おもてなし」が言われています。今はおもてなしが直接インバウンドにつながっているというわけではありませんが、おもてなしは日本の大事な文化にしていかなければいけません。

おもてなしのルーツは、四国のお遍路さんの「接待の文化」です。土着的な文化なのかもしれませんが、「お大師様と同じ」または「仏様と同じ」と扱われているお遍路さんを接待することが、仏の道につながるという考えです。しかし、これは四国の人だけがやっていたわけではありません。わざわざ四国に行って接待をするための講までありました。

おもてなしは、単にサービスを喜んでもらうのだということではなく、もう一度ルーツをたどって、何のために我々はおもてなしをしているのかということを、捉え直した方がいいのではないかと感じています。

松本　ホテル業をしていると、いろいろな国の人と接する機会は多いと思いますが、人に対してどのように接するかは接客の基本です。日本人だと、「差し上げましょうか？」と言われたときに、一応はお断りします。でも、米国では、ビールをどうですかと言われて、「いえ結構です」と遠慮したら、永久にビールは出てきません。そういう文化の違いは感じます。

濱田　どこの国からいらしたかによって、対応をきちんと変えていかなければならないと痛感します。今考えているのは、ホテルに車で来られたときに、車をパーキングまで誘導するバレーサービスについてです。日本のほとんどのホテルは、人手がかかるということでやっていません。ところが海外の方には普通のことですので、どうしてサービスがないかということになります。日本の場合は全てのお客様にサービスができないとやらないという理由で実施していません。外国の方にすれば、お金を払うから、チップを出すから、サービスは当然でしょうということになります。

横浜の場合、おもてなしの体制が十分できているかどうかは、何とも言えないところがありますが、宿泊施設の充実も含め、案内の多言語化や魅力ある街づくりなどを進め、それぞれの地域に来ていただいた方に喜んでもらえることが必要です。北海道にしろ、沖縄にしろ、各地域でどのようにお客様をおもてなしするかを考えていくべきです。

（２０１５年１０月）

「ダントツ」経営

坂根 正弘

Sakane Masahiro

コマツ（株式会社小松製作所）相談役

■Profile

さかね・まさひろ／1941年生まれ、島根県出身。1963年大阪市立大学工学部卒、同年コマツ（小松製作所）入社。1989年取締役。1991年小松ドレッサーカンパニー（現コマツアメリカ）社長、常務、専務、副社長を歴任し、2001年代表取締役社長、2007年代表取締役会長、2013年4月より相談役。2008年デミング賞本賞を受賞。著書に「ダントツ経営」（日本経済新聞出版社）、「言葉力が人を動かす」（東洋経済新報社）などがある。

ビジネスモデルで先行し、現場力で勝負する

松本　日本のものづくりが元気を取り戻すには、「日本型ビジネスモデル」が大きな武器になります。例えば、回転ずしは日本の一つのビジネスモデルであり、日本型の新しいビジネスとして輸出されています。そのほか、機械メーカーも固有のビジネスモデルを打ち立てた会社が伸びているという印象を持っています。

坂根　日本企業は「技術で勝って、ビジネスで負ける」と言われてきました。今までの日本企業は欧米企業の跡を追い、ビジネスモデルもほとんどが跡追いでした。標準化の面でも、結局はほとんどが欧米のスタンダードに先を越されてきました。ですが、日本企業がビジネスモデルで先行できれば、後は日本企業の強みであるチームワークやものづくり、お客様へのサービスといった現場力で勝負し、ビジネスで勝てると思います。ビジネスモデルに関して、ようやく日本企業は先行できる条件が出てきたというのが私の率直な感想です。

コマツの例で言えば、運転状況を遠隔地から管理し、1台約5億円もするような超大型のダンプトラック数十台を無人で動かす運行システムを、チリとオーストラリアの鉱山で導入しています。実は当社では30年も前から、ダンプトラックを無人で動かす技術を研究していましたが、1996年に運行システムの核となるソフトウエアを持っていたモジュラーマイニングシステムズという米国アリゾナの企業を買収して、当社のダンプトラックを無人で動かす技術とマッチングして商品化しました。当社が世界で初めて実用化し、他社に先行できたビジネスモデルです。ハードにノウハ

ウがあって、初めてソフトが生きてきます。そういう組み合わせでないと、ビジネスモデルになりません。

松本　言ってみれば、ビジネスモデルは「テクノロジー」ではなく「エンジニアリング」だと思います。テクノロジーは一つひとつの技術ですが、エンジニアリングはingeniumからきた言葉で、「組み合わせてつくり出す」、日本語でいうと「工学」という意味です。創造しなければ工学ではありませんから、そこにはモデルが必要になります。モデルをつくるためには、社会が今何を要求しているかを先読みしないといけません。

坂根　日本の多くの企業は、部分の技術に興味を持ち、この技術さえ何とかすればビジネスも何とかなるのではないかという発想が常にあります。

私が米国の合弁会社に出向していたときに気が付いたことは、日本企業には強いところと弱いところがある点です。日本企業の弱いところの典型は、オフィスのＩＣＴ（情報通信技術）の仕組みです。日本企業は何でもかんでも自分が一からつくらないと気が済まないという自前主義ですが、多くの米国企業は同じような仕事は既製のものにし、どうしてもノウハウを入れたいところだけカスタマイズします。必然的に自前主義は高コスト体質をつくります。彼らは本社業務などは、シンプルであればあるほどいいと思っています。日本の企業はきめ細かさを追求する分だけ、欧米の企業よりも肥大化しやすいと言えます。日本の自前主義の限界みたいなものを感じ、コマツはオフィスのＩＣＴの仕組みの自前主義を放棄し、できるだけ全世界で同じ既製品を使うというように変えました。一方で機械のＩＣＴ化のような差別化が競争力につながる部分は、自前主義をベースにしています。

世界共通の価値観は「合理性と浪花節」

松本　日本では成功体験をした人たちは、社会が変わっていることになかなか気が付かないように思います。日本の強みである「すべてファミリー」という気持から脱却するには、世の中がどう変わっていくか、あるいは変わってきたかということを見抜く力が必要だと思います。

坂根　米国では、価値観のベースは合理性です。少なくとも社内のコミュニケーションでは、欧米人は相手の言っていることの方が合理性があると思ったら、文句なく言うことを聞きます。本質を突いていて合理的であるかどうかという、その一点に価値があります。

「世界共通の価値観は何か」というと、私は合理性と浪花節だと思っています。この二つをうまく操れば、全世界の人を引っ張っていけると思います。私が２００１年６月に社長になったときに、国内の２万人の社員全員に手紙を送り、希望退職を募りました。当時、本業のものづくりでは負けてはいなかったのですが、雇用が大事だということでいろいろな事業に手を出し、本社の業務も肥大化していました。そこで、「１回だけ大手術させてほしい」と言ったのです。幸い資産内容が良かったので、思い切った手当を出すことができました。そして、必ず会社は良くして、二度とリストラという手術をしなくてもいい会社にするという約束をしたのです。それが、私が今、「浪花節」と言ったことです。米国の経営者は絶対そんなことをしません。しかし、我々が現場力で勝負するためには、社員との信頼関係が命です。そうでないと、チームワークは維持できません。お客様との関係もそうですが、信頼の基本は困っているときにいかに助けたかです。

松本　リストラを繰り返せば、チームワークだけでなく、技術も失われていきます。多くの家電メーカーは事業再編で技術を無くしたと思います。そういう行動を取れば次はどうなるかを読む力がリーダーには必要です。

■「言葉力」が人を動かす

坂根　私は人を動かすには「言葉力」が必要だと思っています。言葉力というのは喋《しゃべ》る前の見る力です。見る力が核心を突いていて、それが自分でも納得できなければ喋れません。核心を突いた部分を見える化し、これで間違いないと思って喋り、喋った後はとにかく実行して成果を出すことです。見る、語る、実行することができて、初めてリーダーとして信頼を得られると思っています。日本人なら多少回りくどくても伝わりますが、外国人には極めて簡単に言葉力で伝えないと、納得させて、引っ張っていけません。

松本　日本人は明治の時代に中国人の言葉力を勉強して、自分たちで自分の能力を開発しました。例えば、「物理学」や「社会」、「経済」という言葉は日本人のつくった漢語です。「社《やしろ》に会う」と書く社会はSocietyの日本語訳ですが、非常にうまくつくった言葉だと思います。

坂根　言葉力を高め、企業がグローバル化に対応していくには、企業の価値観や行動様式の共有が最も大切だと思います。当社では、価値観や行動様式を「コマツウェイ」と呼び、できる限り具体的にして、世界12カ国語に翻訳してわが社の世界共通語にしたいと考えています。価値観が共有されていれば、権限委譲もスムーズにできますし、話が集約していきます。

企業の価値観を徹底して話して、教育すると、何が大事なのかという本質の部分をお互いに分かり合ってきます。例えば、当社には「ダントツプロジェクト」というものがあります。こじんまりしてまとまっているが迫力に欠ける商品をつくるのではなく、ある重点分野で突出した強みを発揮する「ダントツ商品」を世の中に問いたいという、私の思いから生まれたプロジェクトで、「ダントツ」が経営の柱になっています。

米国の現地法人で「Dantotsu」と書いてあるポスターを見て、お客さんがこれは何かと必ず聞いてくるので、「うちは全部優等生になるつもりはありません。この部分だけは絶対に世界一の商品なのです」と説明しています。今は海外で日本語がそのまま通用している言葉が多くなってきましたが、経営でも日本語が世界共通語になっているものがあります。（2015年7月）

坂根氏（右）と。

現地に根ざしたグローカル経営

吉田 忠裕

Yoshida Tadahiro

YKK株式会社 代表取締役会長CEO

■Profile

よしだ・ただひろ／1947年生まれ、富山県出身。1969年慶應義塾大学法学部法律学科卒、1972年米国ノースウエスタン大学ケロッグ・スクール・オブ・マネジメント修了、MBA（経営学修士）取得、同年吉田工業（現YKK）入社。企画室長、ファスナー事業本部長などを経て、1985年副社長。1990年YKKアーキテクチュラルプロダクツ（現YKK AP）社長を兼任、1993年YKK代表取締役社長。2011年からYKK AP、YKK代表取締役会長。著者に「脱カリスマ経営」（東洋経済新報社）などがある。

ユーザーのそばで商品を供給する

松本　グローバリゼーションの急速な進展により、企業はビジネスチャンスを求めて世界の国や地域を移動する時代です。グローバルに行動するには、その国や地域の民族や文化を大事にし、ローカルに根ざした経営が重要になっています。

吉田　ＹＫＫが最初に海外で会社を設立したのは１９５９年で、ニュージーランドでした。お客様のニーズに最もフィットするファスナーを提供するためには、お客様のそばにいた方がいいわけです。加えて、需要先であるファッションの世界は流行《はや》り廃《すた》りのスピードが速く、そのスピードに付いていくためにも、お客様のそばにいなくてはなりません。ですから、お客様の近いところに製造工場を構えて、ファスナーを提供しています。お客様のニーズに合ったファスナーを開発していく点でも、海外への進出は欠かせませんでした。

　１９６０年代に欧米に進出し始めましたが、国際競争に勝てた要因は、製品の競争力だけではなく、お客様がＹＫＫを受け入れてくれたことが大きいと思っています。創業者の吉田忠雄は、海外に派遣する社員に「土地っ子になれ」と言っていました。これは、その地域に永住するつもりで海外赴任せよという意味です。現地の会社は、現地で従業員を雇い、現地の会社から原材料を調達していますが、さらに、現地の会社が得た利益は現地に返すことを原則にしています。利益を地元に還元するという考えを明確に打ち出すことで、ＹＫＫはその国の社会に受け入れられてきました。

松本　海外に製造拠点を持つ日本企業の共通の悩みは、いかにニーズに対応した生産体制を整えるかだと思います。特に、ファスナーの場合は、アパレル企業に寄り添ってその近くで生産しなくてはならないようですから、海外におけるグローカルの経営は、先行きを読む力が重要になります。例えば、需要が移れば会社を畳むか縮小して別のところで事業展開しなくてはならないといった、経営判断として長期プロテクションが必要です。

吉田　ＹＫＫの場合は、ある地域のお客様からファスナーの注文が出てきて、違う国で製造したファスナーを納めていくうちに、その地域にやはり工場が必要という判断をします。その結果、次々と工場や会社を設立していって、今は71カ国で事業を展開しています。

１９９０年以降、ファスナーのお客様がものすごいスピードでグローバル化していきましたが、最も重要なのはグローバルアカウント（多国籍企業）への対応です。ある米国のグローバルアカウントから、商品を40カ国、50カ国に供給するために同じファスナーを欲しいと言われます。そうすると、従来まではそれぞれの国で競争力のあるファスナーを提供すれば良かったのですが、世界中に同一規格のファスナーを供給しなくてはなりません。今までは、消費国イコール生産国という図式で、ローカルを大切にしてきましたが、これからはグローバルアカウントの動きを見て、消費国と生産国を分けて考えていかなくてはなりません。

真似される前に新しい商品をつくる

松本　ファスナーは機構がシンプルであるがゆえに、後続のメーカーが出てきて真似をされるリスクが絶えずあると思います。

吉田　最初は一生懸命に特許を取り、特許の件数が1万件を超えたということもありました。しかし、今は必ずしも製品特許を追いかけているわけではありません。製法の特許はかなり取りますが、結局は真似をされてしまいますから、真似をされる前に次の新しい製品をつくるという考えを持っています。いわば、技術開発の競争です。

一方、技術の流出を防ぐためにも、製造機械だけでなく材料も自社開発しています。当初は、染色一つとっても、地域によって水が違い、染料も染色助剤も違い、なかなか同じ色をつくれませんでした。そこで、統一した色の基準をつくり、世界中で精度を高め、今ではファスナーの製造に使う全ての材料を自社でつくっています。

松本　グローカルに全世界に広く展開されていく上で、海外拠点の連携や情報伝達が大切になります。

吉田　ファスナーの場合、お客様の近くに拠点を設けていますから、どういう商品をいつまでに欲しいという注文はすぐ分かります。つくって供給すればいい体制はできていますが、どれくらい生産が増えるかは毎年確認をして、設備投資を検討していく必要があります。そのため、日本も入れて71カ国・地域でオペレーションをする会社が常に情報交換して、情報を共有化しています。

（2016年4月）

イノベーションを生む知財

小宮 義則
Komiya Yoshinori

特許庁 長官

■Profile

こみや・よしのり／1961年生まれ、埼玉県出身。1984年東京大学経済学部卒、同年通商産業省(現経済産業省)入省。基礎産業局(現製造産業局)の法令審査委員、在大韓民国日本国大使館参事官、知的財産政策室長、産業機械課長、経済産業大臣秘書官(事務取扱)、産業資金課長などを経て、2011年官房審議官(経済社会政策担当)、2012年産業革新機構専務執行役員。2014年内閣府官房宇宙審議官、2016年宇宙開発戦略推進事務局長を務め、同年第48代特許庁長官に就任。

破壊的な革新にはブレークスルーとファイナンス、フィールドテストが必要

松本　グローバル化の進展に伴って、変化のスピードが速まり、企業には知的財産（知財）を生かした戦略の重要性が増しています。知的財産の「知的」は、日本では共有するものという意識がありますが、知識は誰かがアイデアを出し、努力をしてつくり上げたものですから、ただではないと思っています。

小宮　知財は守っていかないと、ただ乗りばかりになり、イノベーションが起こらなくなってしまいます。ですから、イノベーションを促進する一つのツールとして特許制度はできています。全ての知財制度は、いわばただ乗り防止策です。

近代の明治以降の日本では、ただ乗りを許していると、いろいろな意味で産業や文化が発達をしないということで、西洋の制度を導入する形で知財制度が発達してきました。資本主義の下においては、イノベーションを促進しようとすると、最初に製品などを考えた人やつくった人をある一定期間は守らないと、次のイノベーションが生まれてきません。

松本　日本では、小さなイノベーションはたくさん起こっているのですが、いわゆるDisruptive Innovation（破壊的な革新）が起こりにくい環境があります。

小宮　私は内閣府で宇宙を担当しているときに、米国のイノベーションの半分は国防総省が支えて

いるのではないかと改めて感じました。インターネットもロボットもみんな軍から出てきている技術です。スタンフォード大学が今のようなイノベーションの基地になったのは、第二次世界大戦中に米軍が日本に勝つために電子機器の研究開発をさせたのが一つのきっかけになっています。結局、現実の要請と基礎技術にブリッジを架けようとすると、何らかの形である期間ファイナンスをしなくてはいけませんし、一定の方向に向かって推進し続けることが必要になります。

日本の関係者が「真似しろ」と、よく言っているＤＡＲＰＡ（ダーパ：米国国防高等研究計画局）では、単純にお金を出して競争させるだけではなくて、チャレンジして優勝した企業には試作品を何十台かつくらせて、軍に投入するわけです。兵士が使い勝手を試して、フィードバックされてきた意見を改良・修理に役立てています。基礎的な技術が製品技術になり、軍によって民間に開放され、それが民生品になるといった一連のストリームラインができているのです。

Disruptive Innovationを起こそうと思うと、そのための強い要請と、常にお金を出し続ける主体があり、それを実験できる環境が必要です。米国は兵士がフィールドテストをしてくれます。例えば、米国で開発された手術ロボットは、外科医師が戦場まで行けないので、衛星回線で外科医師が動かした手の通りに手術をするためのものでした。

もちろん、手術の失敗もあります。日本で同じことをやって失敗したら、二度とやらないということになってしまいます。自動走行も公道で実験して、もし事故が起きたら誰が責任を取るのだということになると、みんな躊躇《ちゅうちょ》してしまいます。そこのブレークスルーと、それぞれお金を出し、フィールドテストをして一定の方向に推進し続けるといった三つがないと、Disruptive Innovationは突き抜けられません。

豊かな現代に欠ける、革新に対するモチベーションと必要性

松本　日本が成長した時期は、革新に対するモチベーションと必要性の両方がありました。しかし、今は豊かになってしまって、必要性が感じられなくなっています。自動車産業の場合は、便利なので需要が広がったときに、安く質の高い車をつくらないといけないという必要性がありました。ファイナンスの面でも、自動車産業が伸びることによって、その一部の利益を技術のない分野への投資に充てるポジティブフィードバックができていました。モチベーションと必要性の二つを考えただけでも、日本はイノベーションは起こりにくい状況です。ですから、もう少し先を考えて、ブレークスルーするシナリオを描いて、必要性を喚起する必要があります。

現代は、各分野が確立してしまっていて、その中の一点だけを突破しようとしているために、大きな社会変革、構造変化につながらない印象です。

小宮　今まで日本の産業界はものづくりでたくさん輸出してきたわりには、発想がグローバル化できていない企業が多いと思います。高度成長時代のビジネスモデルは、米国のマーケットに成功事例があり、それをリバースエンジニアリングし、改良してより良いものを安く売るというものでした。これは日本型のムラ社会システムには非常にマッチをしていました。ところが、自らDisruptive Innovationを起こそうとすると、あるシーズが将来的に何をどう変えるのかということを想像する力がいるわけです。それは、日本社会だけで考えていくと、限定された歪《ひず》んだものになってしまう恐れがあります。

（２０１７年４月）

京都が発信する菓子文化

鈴鹿 可奈子 Suzuka Kanako

株式会社聖護院八ッ橋総本店 専務取締役

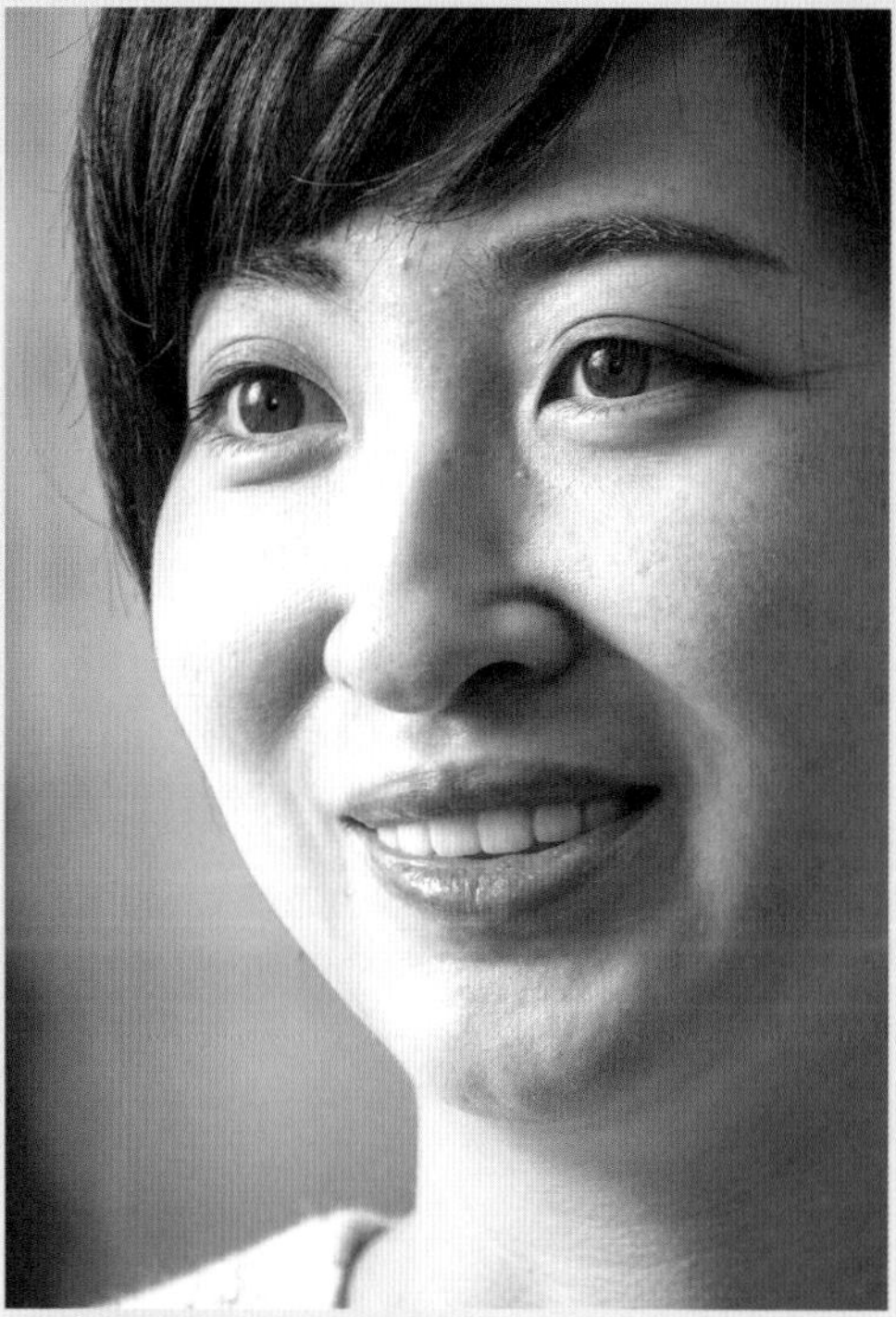

■Profile

すずか・かなこ／京都市出身。京都大学経済学部経済学科卒業、在学中、米国カリフォルニア大学サンディエゴ校エクステンションにてPre-MBA取得。卒業後、信用調査会社勤務を経て、2006年聖護院八ッ橋総本店入社、2012年専務取締役。「守るべきことを守ること、続けていくことが大事」という父・鈴鹿且久社長のもと、2011年には新しい形で八ッ橋を提供する新ブランド「nikiniki（ニキニキ）」を立ち上げる。

■八ッ橋の歴史と検校さんのストーリー性を生かす

松本　和菓子は四季を感じさせる、伝統的なお菓子として広く親しまれていますが、「八ッ橋」もその一つです。古典的な八ッ橋は、箏曲《そうきょく》の祖である八橋検校《やつはしけんぎょう》さんをしのんで箏の形にしたとお聞きします。お土産は、ストーリーを大事にして買って帰る人が結構いますから、八ッ橋の歴史と八橋検校さんのストーリーが、ビジネス上でも武器になると思います。

鈴鹿　八橋検校さんのお墓がある黒谷金戒光明寺《くろだにこんかいこうみょうじ》の参道に建つ現在の当社の本店の地で、江戸時代にお箏《こと》の形をした焼き菓子を販売したのが始まりです。八橋検校さんのご命日の6月12日には、１９４９（昭和24）年から毎年、欠かさずお世話になった方々をお招きして法要を行っています。またこの時に、八ッ橋が生まれたストーリーを社内でも浸透させ、感謝の気持ちを忘れないように社員の皆さんで検校さんのお墓参りをしています。私自身も現在、京都當道会《とうどうかい》の理事を父から引き継いでお箏の文化を守っていくよう努めたり、京都で和楽器を演奏されている方々の支援を行ったり、といった活動をしています。

現在、焼菓子である八ッ橋と生八ッ橋では、生八ッ橋の方がよく知られているようです。八ッ橋が誕生したのは１６８９（元禄２）年ですが、餡《あん》入り生八ッ橋は、その原型となる「神酒餅《みきもち》」が誕生したのが１９６０（昭和35）年と、私たちの歴史の中では比較的新しいお菓子です。生八ッ橋は食べたことがあっても八ッ橋を知らないという世代の方も増えてきていますが、私たちはそもそもの八ッ橋の文化を守っていきたいという思いが強くあり、「京都八ッ橋商工業協同組合」に加盟する条件も、焼菓子である八ッ橋を製造販売していることとなっており、八ッ橋の普及に努めています。当社でも、八ッ橋にさまざまな味のお砂糖掛けをしたり、季節の型刷りをしたりといった商品バリエーションを増やしているところです。

京都の文化を感じる和菓子づくり

松本　八ッ橋を含めて、京都の和菓子は日本の和菓子の歴史でもあります。

鈴鹿　そもそも八ッ橋は京都のお土産物なので、京都の街も盛り上げていきたいという思いも強くあります。私の描いている夢としては、地元の方々、特に地元の幼い方々に八ッ橋を知ってもらいたいということです。子どもさんに八ッ橋をあげると、かなりの確率で好きと言ってくださり、その後も食べたいとおっしゃるのです。京都で育っていく人たちに、まず京都のお土産として定着している八ッ橋を食べていただき、おいしいと言ってもらえる仕掛けができればと考えています。

日本全体でいうと、和菓子を食べる人が減っていると言われています。京都のお土産物業界でも、和菓子が一般的だったのは昔の話で現在は洋菓子のバリエーションも多くあります。ただそれでも、京都は恵まれていると感じることが多くあります。お茶の文化も根付いていますし、年中行事に合わせてお菓子を食べる習慣が残っています。節句ごとにはそれぞれのお菓子をいただきますし、夏越しの祓《はらえ》では6月30日に「水無月」を食べないと夏を迎えられない、などという話を私たちの世代でもしています。

松本　お茶には和菓子が付き物で、そういう意味では和菓子が京都で大事にされてきました。京都の文化と密着したお菓子をつくっていくことが、より京都市民にも喜ばれるのではないでしょうか。これからは、特に若い世代に向けて、新しい和菓子の食文化をつくっていく取り組みが必要だと思います。

鈴鹿　京都の和菓子がいくら地元に根付いているといっても、学生さんたちとお話をしていると、花びら餅もご存じないこともあります。一方、新しい食文化として、クリスマスやバレンタイン、ハロウィーンといった海外のイベントのときにも、それぞれのモチーフをアレンジした和菓子を、京都の和菓子屋さんではつくっています。

京都の年中行事は、神様ごとに直結しているものも多いので、お祭は大切な節目になっています。聖護院八ッ橋総本店では明治時代から、吉田神社の節分祭の折に境内で八ッ橋を販売しています。現在では鬼の形の生八ッ橋もこの時限りでつくっています。また五大力餅《ごだいりきもち》などお寺さんの行事に合わせた商品をつくったりしています。

焼いた八ッ橋は328年の歴史があるのに対し、餡入り生八ッ橋「聖」は50年の歴史ですが、ここまで知名度が上がりました。米粉、砂糖、にっきを原料にしたお菓子という八ッ橋の定義を守りながら、新しい展開を行ったからこそ現在の八ッ橋業界があると思いますので、その定義のもとで何か新たな形態の八ッ橋ができないかと常々思っています。常に時代に合わせた八ツ橋を創作し続けることが、京都の和菓子文化を盛り上げることにつながると思っています。（2017年7月）

ロボットベンチャーの旗手

高橋 智隆
Takahashi Tomotaka

株式会社ロボ・ガレージ 代表取締役社長
ロボットクリエーター

■Profile

たかはし・ともたか／1975年生まれ、京都府出身。2003年京都大学工学部卒業と同時に「ロボ・ガレージ」を創業し、京都大学内入居ベンチャー第一号となる。代表作にロボット電話「ロボホン」、ロボット宇宙飛行士「キロボ」、デアゴスティーニ「週刊ロビ」、グランドキャニオン登頂「エボルタ」など。ロボカップ世界大会5年連続優勝。米国TIME誌「2004年の発明」、ポピュラーサイエンス誌「未来を変える33人」に選定。東京大学先端科学技術研究センター特任准教授、大阪電気通信大学客員教授、グローブライド社外取締役、ヒューマンアカデミーロボット教室顧問。

アイデアをもとにいかに外部とコラボレーションをするか

松本　大きな企業がたくさん参入している市場で、ベンチャーとして成長していくには、既存の企業とは違ったアイデア、マーケットを読む力、技術力などが必要です。高橋さんは、京都大学支援施設の学内入居ベンチャー第一号で、日本のロボットベンチャーの草分け的な存在と言っていいかと思います。

高橋　私はロボ・ガレージを２００３（平成15）年に創業しましたが、人は雇っていません。ただ、プロジェクトに応じて、大手企業からベンチャーまでいろいろな外部の人と協力しながら仕事をしています。

私は、アイデアを思い付いたら試作機を自分でつくります。アイデアが斬新であるほど、想定通りに動くかは私にも分からないくらいで、当然、他の人には信じてもらえませんから、試作機は不可欠です。大企業相手でも試作機を社長に見せると、そのコンセプトに近い形で商品化まで進めることができます。こうした試作機をもとにして、量産に向けた設計の変更やデザインの変更、パッケージやプロモーション、ロボット声や動作プログラミングなど、その後のすべてのプロセスに関わっています。

松本　いわば脚本家であり、演出家であり、そしてロボットという新製品ができるまでの監督もやられているわけですが、当面どういうタイプのロボットを目指していますか。

人型ロボットとコミュニケーションを取りながら暮らす

高橋　今、音声認識が人と機械をつなぐ新しいインターフェースとして有望だと言われています。しかし、スマートフォンの音声認識はあまり使われていません。その最大の理由は、四角い箱に向かって喋《しゃべ》りかけようという気持ちにならないからです。人はペットやぬいぐるみにすら話しかけられるのですから、人型ロボットであれば、人は心を許して喋るようになります。たくさん喋ればその分だけ情報が取れて、その人に合ったサービスを返せるようになります。ですから、スマホの未来は人の形をした小さなロボットになると考えています。例えば、「ゲゲゲの鬼太郎」の目玉おやじみたいにロボットをポケットに入れて、コミュニケーションを取りながら暮らすようになると思います。

スマホ的な仕様を備えたロボットとして、シャープのスマホ開発チームと完成させたのが「ロボホン」です。ロボットとして、二足歩行、起き上がり、ダンスから逆立ちまでこなせますし、スマホとして、電話やメールのほかに、写真や動画撮影、ゲーム、アプリケーションの追加、レストラン検索からタクシー配車まで可能です。さらには頭部のレーザープロジェクターで動画や写真、地図などを床や壁に投影することもできます。ある程度実用的なところまではきているので、従来のスマホと併用する「2台目」としてなら十分な性能なのではないかと思っています。

松本　確かに実用価値はあると思います。人間は周りにまったく人がいなかったら、だんだん認知症が進行していきます。会話ではなく、対話が必要なのです。ちょっと予想外のことを言われると、それに対して脳が活性化し、返事を考え、返すようになります。ロボットも相手から反論を受けたときに、反論できるように対話が展開していくようになれば、独居老人の認知症防止に非常に効果があると思います。

特に、高齢化が進む社会の家庭では、「鰥寡《かんか》孤独」という問題があります。中国の古典にある言葉ですが、男やもめと女やもめ、孤児と独身の人たちのことで、社会で助けが必要な人たちということです。そういう人たちにこそ、仲間やパートナーが必要で、ロボホンのようなロボットがいれば、人間にはできない手助けもできるようになります。

「ハイチーズ」とロボホン。

高橋氏（後ろ）と。

高橋　ロボホンは受付ロボットや家庭用ロボットと異なり、個人用の端末であることが特徴です。持ち主とのコミュニケーションから、その人の趣味嗜好から生活パターンまで学習し、それに合わせたサービスを提供できます。このサービスの精度が上がれば、やがて人とロボットの間で信頼関係が生まれるのではないでしょうか。
また、撮影した写真をプロジェクター投影しながら、いつどこで誰と撮ったどんな写真かを話してくれます。私は、ｉＰｈｏｎｅを持って世界中を旅していても、一緒に旅をしたと思うことはありませんが、人型のロボホンと一緒に旅をしていると、だんだん経験を共有したかのように感じてきます。

松本　癒やしとしての価値もあるし、話し相手としての価値や、もっと言うと諫言《かんげん》もしてくれる価値もあります。
例えば、夫婦喧嘩《げんか》の仲裁ができると素晴らしいですね。相手に言うと傷つくから、ロボットに向かって言うと、ロボットが両方の非難を受けて中和してくれる。今は音声認識がプログラムされていると思いますが、学習効果を持ち、自動的に何回も同じキーワードが返ってくると、ＡＩ（人工知能）を使って賢くなり、使い勝手は良くなると思います。

■サードパーティーの存在が助けに

高橋　今は基本的に音声認識はクラウドに飛ばしていますので、そのデータを人力で処理しています。ユーザーがどういう声をかけているかということも把握はしていて、ちゃんと答えられるようにコンテンツを増やしたり、不具合を修正し続けています。
ロボホンは、現時点では世界最高のコミュニケーションロボットだと自負していますが、ロボットをいくらでつくって、いくらで売るということをやっていても、この世界では戦えません。アマゾンのように、音声認識スピーカーを赤字の価格で配っても、全体のサービスとして収益を上げるといった商売をしていかなければと思っています。ですので、ビジネスモデルがつくれるパートナー企業を探しています。例えば、健康保険の会社がロボホンを配って、話し相手になったり生活習慣病予防の指導、外出の促しなどをすれば、保険会社の医療費支出削減分でロボット本体代金が賄えるのかもしれません。

松本　ベンチャーが成功するためには、さまざまな障害を除いていかないといけません。そのときに、従来の自分の専門や技術だけにとらわれてしまうと、頭打ちになります。可能性を広げていくためには第三者がいて、アドバイスを受けたり、協議をしながら会社を大きくしていくという方法もあります。

高橋　ロボホンも、アプリケーションの単位でサードパーティーがつくれるように開発キットを準備しています。ロボット以外の分野で実際にビジネスをしている人と組む方が面白いと思います。我々には思い付かないユニークなサービスが生まれるチャンスがあります。

私も仕事を通じて、経営者や研究者をはじめ映画監督から洞窟探検家の方まで、本当に多種多様な方々とお会いする機会があります。ロボットに注力していると、どうしても浮世離れして、内輪受けを狙った活動になり、今の社会やビジネスから離れてしまいます。ですから、私自身も積極的に外部の情報を得るようにし、可能な限り自身で体験するようにしています。（2017年10月）

離陸する民間宇宙ビジネス

酒巻 久

Sakamaki Hisashi

キヤノン電子株式会社 代表取締役社長

■Profile

さかまき・ひさし／1940年生まれ、栃木県出身。芝浦工業大学工学部卒後、1967年キヤノン入社。VTRの基礎研究、複写機開発、ワープロ、パソコン開発、総合企画などに携わり、取締役、常務生産本部長を経て、1999年キヤノン電子代表取締役社長に就任。「会社のアカスリで利益10倍！ 本当は儲かる環境経営」（朝日新聞出版）、「60歳から会社に残れる人、残ってほしい人」（幻冬舎）など企業経営に関する著書多数。

宇宙ビジネスは単品の一発勝負

松本　小型衛星の打ち上げなど民間の宇宙ビジネスが世界的に拡大している中、日本でも、宇宙活動法（2018年11月施行）の成立によって民間企業でもロケットの打ち上げができるようになるなど、宇宙ビジネスの環境が整備されつつあります。こうした中、キヤノン電子が2017年6月に、同社初の超小型人工衛星をインド南部のサティシュ・ダワン宇宙センターからインドのロケットで打ち上げました。

酒巻　私が宇宙ビジネスを始めようと思ったのは、1999年にキヤノン電子に社長として来てからです。キヤノン電子は、カメラ部品などの開発・製造が主体ですが、コストダウン型の経営だけに専念したくないと考えていたとき、海外の友人から薦められた本に「これからは宇宙を制したものが世界を制する」ということが書かれていました。これは面白いと思って、ロケットや人工衛星のことを調べてみると、意外と技術的には成熟した技術が多い一方、官主導の開発には非効率さがあり、我々の会社が参入できる余地が十分残っているのではないかと思いました。

キヤノン電子は量産型の会社ですが、宇宙関係のビジネスは一発勝負の単品です。そうすると、まったく考え方が違います。量産型は、例えば120個つくって、良品を100個選ぶという考え方です。そういう考え方では宇宙関係の場合、不良品ばかりになってしまう可能性があります。そこで直行率を指標にして、100個入れたら100個良品をつくるように努力してきました。その試みが10年くらいで完成し、今、当社の工場の直行率は、99・85%になっています。部署によっては1

酒巻氏（後ろ）と。

00％というところもあります。量産型のつくり方で単品をつくっても100％安全が保てる水準に達したので、「人工衛星をやろう」と人工衛星の設計を始めました。

松本　私も京都大学でロケットや人工衛星の研究開発をしていたことを懐かしく思い出しました。自分でこういう実験がしたいと企画をし、学生と教官たち、そしてノウハウを持っている小さなメーカーと一緒に研究開発しました。

その頃、驚いたことがありました。当時ある大手メーカーの方々と仕事をしていたのですが、製作者が検査をやると甘くなるということで、検査員が別にいました。その会社の鬼軍曹と言われる人で、我々がつくった基板を持って、じっと目視して、次にあろうことか、バーンと地面に投げ付けて足で踏んづけたのです。無茶苦茶するなと思いましたが、「それくらいやっても大丈夫でないと、会社としては責任が持てません」と言われました。開発の担当者はそんなことはしませんが、検査員はすごく厳しい人でした。

酒巻　キヤノンは光学が専門ですから、お客様が自由に選べるような品揃えとして、固定レンズのほかに、反射レンズとしては口径10センチメートルの小型のものから、20センチメートルの中型、そして日本製ではまだ販売していない40センチメートルの大型のものまで、光学関連の製品は全てシリーズ化したいと考えています。

それから、部品は国産で手に入るものはいいのですが、海外製の場合、大学と違って民間企業には売ってくれないケースがあります。そこで、入手の難しい部品は自分たちで内製化を進めています。内製化した部品としては、人工衛星への送受信用アンテナも自分たちでつくりました。現在、地上500キロメートルの軌道上から口径40センチメートルの反射レンズで撮影し、解像度1メートルで画像を取得できます。

2017年6月にインドから打ち上げた人工衛星の場合は、部品の6割まで内製化しました。4割は間に合わなかったので、次は100%内製化した人工衛星をつくりたいと思っています。

国内でのロケット打ち上げを目指す

松本　宇宙ビジネスは、ハードウエアを売ってビジネスにするというモデルと、ソフトウエアのデータなどを取ってそのデータを買ってもらうという2種類のモデルがあります。後者の方が市場が大きくなると思いますが。

酒巻　宇宙ビジネスでは、人工衛星というハードでまず稼いで、それからリモートセンシングなどの画像処理の分野にも力を入れていきたいと考えています。将来的には、ソフトウエアの部分をどう強化していくかということになりますが、ある程度利益が確保できないと投資はできません。ですから、当面は打ち上げなどハードウエアの面で利益が出るようにしていくことが目標です。そのためには、打ち上げ全体の費用を安くしていくことが大切です。

また、国内でロケットを打ち上げるために、キヤノン電子とＩＨＩエアロスペース、日本政策投資銀行、清水建設の4社で組んで新世代小型ロケット開発企画株式会社をつくりました。企画会社は、ロケットの打ち上げ場所の確保や小型衛星打ち上げが可能なロケット開発および生産コストの低減などを進める方向で動き出しています。

月への打ち上げが先

松本　将来、月は目指しませんか。国の宇宙政策委員会でもいろいろ議論をしています。火星が優先だという人もいますが、私はやはり月を優先すべきではないかと思っています。実際、月の方が実利があります。月へ行くための目的の一つには、月には水や鉱物などの資源があります。地球社会は資源でいろいろな制限を受けており、私は月で宇宙太陽発電をやるべきだとずっと思っています。

そのためには月に基地が必要で、中国は月に基地をつくる計画を進めています。海外の国々は最初に月にチャレンジしますから、実力によって月への優先権みたいなものができます。日本が月に挑戦せずに、米国と一緒になって高い資金を使って火星を目指しているうちに、気が付いてみたら、足元の月の開発は全部他の国に先行されてしまっていたのでは、好ましくないと思います。

2017年6月23日に打ち上げられた超小型人工衛星のモックアップ。2017年度グッドデザイン賞を受賞。

酒巻　私も企業家としてより個人の夢としては、月が先だと思います。

自前でつくったロケットがうまくいけば、そのロケットにブースターを付けるなど改良して、純民間で企業として最初に月を目指したいと考えています。それまでに、打ち上げコストの大半を占める燃料も内製化しておきたいと思っています。そこまでが私の夢であり、あとは若い人に任せる考えです。

（2018年1月）

経済活性化の担い手となる中小企業・ベンチャー企業

東京中小企業投資育成株式会社 代表取締役社長
（元経済産業事務次官）

望月 晴文

Mochizuki Harufumi

■Profile

もちづき・はるふみ／1949年生まれ、神奈川県出身。1973年京都大学法学部卒、同年通商産業省（現経済産業省）入省。商務流通審議官、中小企業庁長官、資源エネルギー庁長官などを歴任し、2008年経済産業事務次官。2013年東京中小企業投資育成代表取締役社長に就任。日立製作所、伊藤忠商事社外取締役（兼任）。

■中小企業にも必要なオープンイノベーションの場

松本　日本経済の活性化には、日本の底力を支えている中小企業、そしてイノベーションの担い手となるベンチャー企業をどう育成、支援していくかにかかっています。そのためには、産学連携が大きな役割を担っていますが、残念ながら、中小企業の方は、大学や国の研究開発法人は敷居が高いという感じを持っておられるようです。

望月　日本の中小企業群には、優秀でユニークな方々がたくさんおられます。その多くは技術が大好きで、技術を生かして商売をしたいという方々です。それにもかかわらず、研究所や大学などアカデミアの世界との接点がそれほどありません。それは中小企業の経営者は、1日24時間、朝から晩まで休みなく仕事のことを考えてビジネスにつなげているわけで、アカデミアの世界と接点を持つ余裕がないからです。

一方で、日本の優れた中小企業が狙っているのは、グローバルニッチトップのようなところです。そういった世界の最前線で戦っている中小企業は、やはり最先端の技術を研究する機関と連携しなくては戦えません。今、世の中ではオープンイノベーションということで、技術とマーケットの間を縮める試みが行われています。そういう世界を、中小企業の人たちにもつくれるといいと思っています。

松本　中小企業の方々と科学に携わる研究者たちの出会いの場所が必要ですが、日本ではそういうプラットフォームが欠如しています。特に、いろいろな産業が関係するような分野では、異業種が出会う場をつくることも国の研究機関の役割の一つです。

望月　米国のシリコンバレーは、ある意味では異業種が出会えるプラットフォームとして、日常的にコミュニケーションができる場所になっています。日本でも、広い意味でのオープンイノベーションを主導し、産業界に結び付き、事業につなげていく場所が欠かせません。今、日本の大企業でもいろいろな人をシリコンバレーに出していますが、プラットフォームのあるところはやはり強いと思います。

企業と大学をつなぐ例として、ＩｏＴ（モノのインターネット）の世界に向かって、今後非常に需要が増えると予想されるビッグデータを解析するデータサイエンティストを養成する試みがあります。データサイエンティストの不足が問題になり、現に困っている会社もたくさんあります。一方、大学で勉強され、情報技術に強くドクターになった方も大勢いますが、この人たちが必ずしも希望通りの職業には就いていません。データサイエンティストになりたいという人を、大学と協力して養成し、その職に就いていただくために、研修教育とマッチングの両方を行う組織です。

コア技術を生かすネットワーク

松本　中小企業も、世の中のマーケットを考え、世の中のここが不自由だというニーズを発掘できる力、それから、社会の将来を見越すような力を持った企業が生き延びると思います。

望月　中小企業の場合は、自分の会社は明日にも注文がゼロになるかもしれないというリスクを常に持っています。倒産につながるかもしれない薄氷の上で、どうやってビジネスを次につなげていくかというリスク分散が必要になります。ですが、コアとなる優れた技術を持っていても、経営上の資金が足りなければ、成長を望む大企業に買われてしまうことも起こります。しかし、買われた企業は、その途端にハングリーさがなくなってしまい、新しいニーズを発掘し、新しいものを生み出す力が枯渇してしまいます。

リスクがなくなると、やはり怠けてしまいます。そうなると、その企業の良さが死んでしまいます。その企業のモチベーションを殺さず、大きな意味では日本経済というチームの一員として、産業界の中でその企業が今まで以上に生き生きと事業を継続していける仕組み、ネットワークが必要です。

松本　中小企業の経営者の方たちの中には、せっかくいい技術を持ち、世界で需要がたくさんあるのに、悩んでいる方も多くいると思います。

望月　今、ＩｏＴをはじめとして、第４次産業革命と言われるように、従来の技術とマーケットを情報ネットワークでインタラクティブにつなげることで、新しい会社への変貌が求められています。そこで使われる技術を持っている会社は結構あります。例えば、センサー技術に得意な中小企業は多くあります。そういったコア技術の使われる場は無限にありますが、どういう場で生かせるかは、やはりネットワークの中からその答えが見えてくると思います。

（２０１８年４月）

求められる企業家魂

神田 正

Kanda Tadashi

株式会社ハイディ日高 代表取締役会長

■Profile

かんだ・ただし／1941生まれ、埼玉県出身。日高町立高萩中学校卒業後、本田技研工業（当時）などに勤めた後、1968年ラーメン店主として独立。1973年大宮市（現さいたま市）にラーメン店「来々軒」をオープン、1998年ハイデイ日高に商号変更、2002年中華そば「日高屋」１号店を新宿東口に開店し、チェーン化を推進。2006年デンマーク食品農業大臣賞を受賞。

ロードサイドではなく、あえて駅前にこだわる

松本　どの時代も、リスクに立ち向かい、新しい事業に挑戦し続ける企業家精神を持った創業者がリードしてきました。小売業の場合はハイディ日高のように薄利多売を狙う商売と、珍しいものをつくって高く買ってもらうやり方があると思いますが、第一にはお客さんに来てもらわないといけません。そして、そのお客さんに引き続いて来てもらうためには、立地条件が重要になります。

神田　１９８０年頃に出店を考えたとき、資金を借りに行った金融機関に「どこへ出すのか」と聞かれましたので、「駅前に出す」と言いました。そうしたら、「これからは車社会が到来する。ロードサイドならお金を出すが、駅前はダメだ」と言われました。

私が何で駅前を狙ったかというと、昔は駅を降りると、駅前にラーメン屋やおでん屋の屋台があり、そこには最終電車まで人が黒山のようになっていましたが、いずれ屋台がなくなると思っていたからです。理由の一つ目は、屋台は衛生的にあまり良くないこと、二つ目は、駅前が整備されてきれいになってくると、屋台は邪魔になると考えたことです。それでは、屋台のお客さんはどこに行くのだろうと思ったのです。それで屋台のお客さんを狙ったのが、中華そば「日高屋」の原点です。

松本　時代の流れを読んでおられて、かつ立地条件もちゃんと考えておられる。川の水がなければ水がくめないように、人の流れがなければお客さんは入ってきません。

神田　ただし、駅前は家賃が高いので、ラーメン業界は利益率が低いため家賃の安いロードサイドに逃げて行った歴史があります。しかし、家賃が高くても、回転率を上げるために営業時間を長くしたり、低価格にすることによって2軒分の売り上げを上げられる工夫をしました。

当時は、ハンバーガー屋や牛丼屋が駅前の一等地に出て商売をしていましたが、まだラーメン屋はありませんでした。私は、ハンバーガーや牛丼が成功して、国民食と言われるラーメンが成功できないわけはないと思いました。

松本　日高屋は、非常によく考えられた経営だと思いました。庶民が入りやすい雰囲気があり、都心にありながら、ビールを飲んでも安い料金で済みます。

■ラーメン1杯390円でも利益が出るビジネスモデル

神田　今（2018年時点）、夜の客単価はビールも入って750円くらいです。ラーメンは一杯390円ですが、ほとんどのお客さんが600円、700円はかけます。

東京は家賃が高く、人件費も高いですから、結局、ラーメン屋を開くとなると、皆さん高い値段にすることになります。ですが、私は逆に安い値段で勝負しました。当時、ハンバーガーがサンキューセットで、ハンバーガーとコーヒーとフライドポテトがついて390円、牛丼も380円くらいでやっていました。それらの隣店のお客さんを狙い、ラーメンを390円で出しました。というのは、毎日ハンバーガーを食べると飽きてしまいますし、毎日牛丼では重過ぎると思ったからです。

“ちょい飲み中華食堂”を看板に掲げる日高屋。

とはいっても、駅前に出店した当初は利益が出ませんでした。そこで、低価格を実現するため、工場にかなりの投資をし、１９８６（昭和61）年に大宮工場、２００５（平成17）年に最新鋭の行田工場を建設し、自家製の麺などを大量生産しました。

加えて、店舗でのローコストオペレーションを重ね合わせながら低価格化を進めました。昔は、店舗では調理は調理だけ、接客は接客だけと分担をしていて、お互いに手伝いませんでした。それを我々は両方できるように教育し、接客の手が空いていれば調理に入ったり、逆に調理の人が接客に出たりして、５人でやるところを4人でできるようにしました。そうした努力で、３９０円でも利益が出るビジネスモデルができたわけです。

松本　高い利幅を上乗せして商売をするのではなく、薄利でもたくさんの人に食べてもらって喜んでもらうという基本理念は、マーケットを見る力、マーケットの先を見る力があってこそだと思います。

神田　とにかく、市場に学ぶことを大事にしています。マーケットを見るということでは、今「ちょい飲み中華食堂」を看板にしてちょい飲みをやっていますが、それも直感でした。私はいつも電車に乗って各店舗を見回りしていますが、昔は新宿や赤羽、大宮でも、特に12月頃は駅員が酔っぱらいを介抱しているという光景をよく見ました。しかし、今はそんな光景はまったく見掛けません。目一杯飲む人がいなくなったのです。昔は、給料日や誕生日に目一杯飲んで駅で寝ている人を多く見掛けましたが、今はそういう社会情勢ではなくなりました。それで、ちょい飲みは絶対いけると思いました。

　同業はもちろんライバルですが、私は時代がライバルと思っています。時代がどう変わっていくのか、時代の流れにうまく乗っていかないと、経営にかなり力を入れても前に進めなくなってしまいます。時代の流れは現場に行かないとわかりません。ですから、ほとんど毎日現場に行って、パートさんと話をしたりしています。

　あるとき、アルバイトの女子大生から「会長、瓶ビールがよく売れている理由分かりますか」と聞かれました。その答えを聞いてみると「瓶ビールはお互い注ぎ合って、自然とコミュニケーションができるからです」と教えてくれました。現場の目は確かです。社員と密にコミュニケーションを取っていると、経営者に必要な先見性が養われると思います。

■大衆居酒屋は福利厚生の一環

松本　夢を実現するには、会長の熱意が一番大きかったと思いますが、仲間は大事です。日本社会が今、会社のためにと言いながら、実は株主のためにという方向になってきて、従業員のためにという姿勢が失われつつあります。やはり、従業員のための会社という考えを忘れてはいけないという気がします。

お金を出してくれる株主がいて、従業員が必死になって働いて、お客さんが喜んでくれる、この三つの要素のバランスが大切です。

神田　うちは朝から夜遅くまでやっていますので、社員が全てです。社員の頑張りがあったから、ここまでこられたのは間違いありません。

実は、焼き鳥などを出す大衆居酒屋「焼鳥日高」を始めたのも社員の福利厚生の一環からです。60歳を過ぎて、ラーメン屋で朝まで重い中華鍋を振るのは大変です。焼き鳥だったら夜11時半頃閉められて、力もいりません。日高屋での仕事が年齢的に難しくなってきたシニア社員に、体が健康なら70歳過ぎまで当社で働いてもらいたいという考えで、２００６（平成18）年から展開を始めました。福利厚生の一環ですから、最初は儲からなくてもいいと思っていたのですが、軌道に乗ってきています。ラーメン店と大衆酒場が壁１枚で共存共栄できるモデルをつくり、首都圏に７００～８００店は出す計画です。

（２０１８年10月）

次なる時代への警鐘
——平成から令和

小林 喜光
Kobayashi Yoshimitsu

株式会社三菱ケミカルホールディングス 代表取締役会長
経済同友会 代表幹事

■Profile

こばやし・よしみつ／1946年生まれ、山梨県出身。1971年東京大学大学院理学系研究科相関理化学修士課程修了。ヘブライ大学(イスラエル)留学などを経て、1974年三菱化成工業(現三菱ケミカル)入社。1975年東京大学理学博士号取得。2007年三菱ケミカルホールディングス取締役社長兼三菱化学取締役社長、2015年三菱ケミカルホールディングス代表取締役会長。経済財政諮問会議議員、産業競争力会議議員、日本化学工業協会会長などを歴任し、経済同友会代表幹事。第35回毎日経済人賞を受賞。

日本の力が急降下している認識に欠ける

松本　平成の30年が終わり、新元号「令和《れいわ》」の時代が始まります。バブルの頂点で始まった平成の日本経済は、バブルの後遺症を拭い去れないまま技術革新の枯渇説まで台頭し、本気で取り組まなければならないさまざまな問題を抱えながら新しい時代を迎えています。

小林　平成元年の1989年と、約20年経った2008年、さらに10年経った今年を、「企業の通信簿」としての企業価値にあたる株価時価総額（発行株数×今の株価）で見ると、完璧に主役は変わってしまっています。1989年の世界の企業の株価時価総額トップテンでは、日本企業がNTTを筆頭に7社入っており、あと3社はIBMとエクソンやロイヤル・ダッチ・シェルの石油系の会社でした。まさに、「ジャパン・アズ・ナンバーワン」と言われるくらい日本は素晴らしかったと思います。それが、2008年になると、トップテンに石油系の会社は一定程度残っていますが、日本企業は1社も入っていません。現在（2019年時点）は、米国勢のGAFA（Google, Apple, Facebook, Amazon.com）と、中国勢のBATJ（Baidu, Alibaba, Tencent, JD.com）だけで400兆円くらいあり、全部上位を占めています。日本はトヨタ自動車でさえ40位台です。株価をベースにした時価総額をどう捉えるかにもよりますが、この数値を見ると日本の力が急降下してきているという基本的な認識は持たなければいけません。

それから、日本は、事業の創出とイノベーションを生むエネルギーがなくなったからこそ、新しい魅力ある商品が出てこなくなり、モノを買う意欲もなくなってしまったのです。また、文明というのはＧＤＰ（国内総生産）がいくら増えても満足度はあるところで飽和しますから、人々の欲求と幸福度がリニアではなくなったということがあります。さらに、内向きで自国しか見ないので、外の世界との対比ができていません。食べるものは十分食べられるし、飢え死にしている人もいないし、相対的には格差も少なく、一応ＧＤＰも少しは伸びているので良い国ではないかと考えてしまうこともあります。

松本　それぞれの事業体である産業界や学会、大学もあぐらをかいていたようなところがあります。「俺たちは一生懸命やっているし、成果も下がってはいない」という甘い認識があったのではないかと思います。それから、それぞれの事業体がインタラクションをあまりしていません。大学の場合、日本は明治時代に決めた学部を後生大事にずっと継続してきていますし、学部が違えば議論もしません。こういった状況をそれぞれの事業体で改革していかないといけません。

■オープン・クローズのビジネスモデルを

小林　やはり事業体ごとにサイロ化されていて、横とのつながりがありません。オープンイノベーションという言葉は出てきましたが、まだ実体化されていないのが現状です。以前は、自分のやっている仕事については特許を出願して外に出さず、知的財産に対してオープンではありませんでした。しかし、今は知的財産化して特許料を取るという時間軸よりもっと早くビジネスが進むので、むしろオープンイノベーティブに仕事をして、その中で早く稼がないと儲からなくなっています。

日本はこの20年間、そのスピードに付いていけず、テクノロジーはできてもそこから儲けるところまでいかず、相対的に劣位になっています。海外の企業はその点、うまくスピード感をもって事業化し、マネタイズしたというのが成功の要因にあります。また、かつては付加価値構造を表すスマイルカーブという形で、製品開発やマーケティングなど儲かるところは自分たちでやり、中国、台湾、韓国で製造を行うというビジネスモデルが生きていましたが、今はアジアの各国が全てを自分でできるようになってしまいました。個別に弱いところはオープンに、強いところはクローズにするというオープン・クローズのビジネスモデルと、事業やテクノロジーに横串を通してスピードを上げる戦略が必要です。原料、素材から始まって、製造、そして最後のマーケティングまで、スピード感がないと勝負ができない時代になっています。

松本　大学では産学連携本部のような組織をつくってきましたが、日本の大学の研究室と組むと最後まで研究開発に取り組まないということで、日本の産業界は米国の大学に投資する傾向にあります。それはもったいないということで、産業界が日本の大学にシーズ発見のための「目利き」を送り込み、大学の研究と事業をつなげる戦略を立てましたが、結局、成功しませんでした。その原因は、大学の研究室の人が、それぞれの狭い範囲で自分の分野の殻に閉じこもっていて、知財的なアイデアはあっても横串を通して、社会に出す努力をする習慣がまったくなかったからです。

小林　今まで国内では、企業が理化学研究所などの国立研究機関や大学に人を出す場合、定年に近い人が片道通行で行くケースが大半でした。しかし、研究を事業化するには、片道ではなく企業と研究機関を行ったり来たりできて、しかも若い人を交換できる仕組みが必要です。さらに、国立研究機関や大学がより基礎的な研究をし、企業がアプリケーションを担うという共同産業のような仕組みができればいいと思います。

研究機関と産業界をつなぐ日本らしい組織づくり

松本　コネクションという言い方をする人もいますが、お互いをつなぐ人の交流だけではなくて、知識、知恵を含め、必ずしも知財にならなくても実益になるような組み方はたくさんあると思います。そこで、理研の研究者が産業界の方と同じ場所で活動してもらう仕組みとして、今年（2019年）の秋までには理研の子会社を発足する予定です。企業の皆さんと理研の研究者が対話するだけでなく、企業同士が共同のプラットフォームで議論できる仕組みもつくっていきます。

小林　企業のガバナンスということでは、ここ4、5年コーポレートガバナンス・コードや日本版スチュワードシップ・コードという形で、政府が企業へ相当な働きかけを行いました。大学や国立研究機関でも、産官学の連携や、大学の活性化のためにガバナンスを整備するという機運が高まりつつあるという気がします。

松本　日本は優秀な研究者がいるのに、力が思うように伸びていません。これは、システムの問題です。大学は研究室単位のセルの集まりで、研究室の人にとってはセルが一番重要なのです。セルはなぜセルとして生きていけるかというと、研究室で学生を採れるということにあります。ところが、大学では新しいテーマができると、研究所やセンターをつくり、最先端の研究をしますが、そこには学生がいません。アサインされていないからです。

小林氏(左)と。

小林　産業でも、日本がかつてリードしていたものがあっという間に追い付かれてしまったのは、生産性が低いということもさることながら、やはり集約が進まなさ過ぎたためです。半導体メーカーも日本は10社余りあり、無駄な過当競争をしてきました。欧米ではダイナミックな組織編成が進み、経済社会システムがつくられていますが、日本では産業構造が明治以来相変わらず固定していて、そこから脱却できていません。

時代はモノから完全にコト、もっと言えばデータの時代になりました。この10年、携帯電話の世界もｉＰｈｏｎｅなどスマートフォンへと変化する中で、日本の企業は付いていけませんでしたし、ソフトウエアもＧＡＦＡのような新しいイノベーションと無縁でした。従来のものづくりはものづくり、サービスは単純なサービスというように、一種のサイロ化かもしれませんが、イノベーティブなものをクリエートする風土が非常に枯渇してきたというのは事実かもしれません。（２０１９年４月）

「人財」をつくる

奥 正之 Oku Masayuki

株式会社三井住友フィナンシャルグループ 名誉顧問

■ Profile

おく・まさゆき／1944年生まれ、京都市出身。1968年京都大学法学部卒、同年住友銀行入行。1975年米国ミシガン・ロー・スクール修士課程修了。住友銀行取締役国際総括部長、常務企画部長、2001年三井住友銀行専務取締役、副頭取を経て、2005年頭取兼最高執行役員、三井住友フィナンシャルグループ取締役会長に就任。2011年三井住友フィナンシャルグループ取締役会長専任。2017年から名誉顧問。

複雑さを増す時代に必要な人間力

松本　複雑さが増し、変化が速い時代になり、環境変化に対応できる「知力」が求められています。また、インターナショナルに通じるためには、仕事をしながら人脈の輪を広げていく能力も欠かせません。

奥　グローバル化は不可逆的な流れです。しかも、不確実、不安定、不透明、さらに複雑さを増す四つの「ふ」の時代になっていきます。こうした時代を生き抜くためには、混沌《こんとん》とした世界に埋没しないための明確なビジョン・リーダーシップ、総合的な人間力、さらにリスク感覚を持ちながらも楽観的かつ前向きに立ち向かえることが欠かせません。

例えば金融業界は、国内は低成長が続きますから、人をどのように配置していくかとなると、やはり海外の比重を高くしていく必要があります。海外で仕事をするということになると、入り口としては語学力です。「たかが語学されど語学」です。三井住友銀行では、新入社員の集合研修の後から、定期的に海外に行きたいかどうかをフォローアップしていきますが、そうすると世評と異なり、多くの人が海外に行きたいと手を挙げます。しかし、海外といっても広く、ビジネスも今までの西欧中心から、アジア、中近東、アフリカ、中南米へと広がっています。特に、当面のところ、人が足りないアジア地域に配属します。もちろん、現地の人と共にビジネスをすることになりますが、ハンズオンで仕事をしっかりこなしつつ、人を取りまとめていける、マネジメントができる人財を育てていく必要があります。

松本　多くの財界のリーダーが、「日本も教養をもっとしっかり教えるべきだ」と指摘されています。教養をしっかり身に付けていないと、外国に出たときに恥ずかしい思いをします。例えば、海外で神学や歴史の話になると、日本のほとんどの方は黙ってしまいます。国内でも、宗教の話で一生懸命に議論を戦わせるということはあまりしません。「神とはなんぞや」「日本の歴史でここは本当か嘘か」といった議論はしません。しかし、外国にいると、ごく当たり前に話に出てきます。やはり普段から自分の国を見る、自分自身を見るという教育が、人の育成において重要な基盤ではないかと思います。

■知識と教養は「人生の補助線」となり得る

奥　社会人になってしまうと、教養を学ぶ機会はあまりありません。個人で興味を持って勉強するか、休日にセミナーなどに行くしかありませんから、できたら時間のある大学生のときに勉強すべきです。

極端に言えば、大学の4年間は教養を勉強するだけでいいのではないでしょうか。専門的な学問は、例えばロースクールやビジネススクール、メディカルスクール、エンジニアリングスクールなどの大学院でやればいいと思います。人生は長くなっているのですから。専門のスクールはそれぞれの用途によって2年なり3年にし、大学自体はもう少し基礎的な勉強や好きなことをやるようにした方がいいのではないかと思うのです。

私も心理学、美術史などを勉強しておけば良かったと思います。特に今では数理、統計学、ＩＴ

リテラシーですね。スティーブ・ジョブズの本を読むと、彼は独自であれだけの製品をつくり上げていますが、知的財産的なものが全部入っていて、しかも形や触り心地も良くて、美的にも優れています。それは結局、教養の集積です。

松本　例えば金融業界なら、お金の話しかしないというようでは、仕事はうまく運びません。我々の物理でも工学でもそうですが、学術にもリベラルアーツの基礎は必要です。文学や芸術など一見関係なさそうですが、古代ギリシアでは全部が関係していました。ピタゴラスも音楽をやっていました。

やはり、全てはできなくても、いくつかのジャンルをピックアップして学生時代に自分で勉強しておくと、社会人になってからもう一度取り組むにしても入りやすいと思います。

奥　仕事をしていく上で、実務者として知っておかなければいけない実務知識を詰め込むことも必要ですが、教養的な知識を習得することは大変いいことです。ビジネスで会話をしていく中でも使えますし、人の心理としてなるほどと思うときがあるかもしれません。政治や経済、歴史、芸術などの教養は、いわば「生涯の師であり友」であり、自分が身の処し方や、物事の解決策を探しているときに、答えへと導いてくれる「人生の補助線」となり得ることがあります。

いろいろな「知」を、頭の柔らかいときに頭に入れて、それを実践して、体得していくことが必要です。そういう体得知、実践知が生かされ、暗黙知を実践知・形式知として変えていくことが人間力を向上させます。

（２０１９年10月）

夢が広がるドローン

野波 健蔵
Nonami Kenzo

日本ドローンコンソーシアム 会長
千葉大学 名誉教授

■Profile

のなみ・けんぞう／1949年生まれ、福井県出身。1972年福井大学産業機械工学科卒業、1979年東京都立大学大学院博士課程修了、工学博士。1985年米国航空宇宙局(NASA)研究員、1994年千葉大学教授、2008年千葉大学理事・副学長(研究担当)。2011年国際知的無人システム学会会長、2012年ミニサーベイヤーコンソーシアム会長、2013年自律制御システム研究所(ACSL)を創業し、代表取締役社長に就任。2014年から千葉大学名誉教授。2017年日本ドローンコンソーシアム会長、2018年ACSL取締役会長。2019年先端ロボティクス財団理事長。

技術の掛け算で進歩したドローン

松本　イノベーションの契機になるためには、技術の掛け算が必要です。ドローンもコンピューターが小さくなり、インターネット、あるいは無線技術の進歩に支えられてきたと理解しています。

野波　今、ドローンは当たり前に飛んでいますが、１９８５年当時、そして１９９０年代初期は、コンピューターが大きくて、計算も遅く、各センサーも重かったために、ドローンにはほとんど使えないという状況でした。その後、携帯電話がスマートフォンへ進化し、どんどんセンサーがＭＥＭＳ（Micro Electro Mechanical Systems）化していき、コンピューターが高速になり、小型のドローンが実現しました。そしてインターネットが普及し、一気にドローンの時代がやってきたのが現状です。

私たちが乗っているヘリコプターの回転翼はシングルローターで、メインローター一つにテイルローターが付いているという原理ですが、ドローンはほとんどがマルチのプロペラになっています。マルチのプロペラによって小さな機体にし、大きな荷物を運ぶ構造になっています。それから、ドローンはほとんどの場合、エンジンではなく電動で飛び、エコシステムになっています。

今のいわゆるマルチコプターと言われるドローンは、回転する羽が四つ、六つ、八つとあり、例えば前に行きたいという場合には、後ろにあるプロペラの回転数を上げて、前にあるプロペラの回転数を下げます。そうすると、揚力に差分が出ますので、その分だけ後ろが上がり、水平分力が発生してその力で前の方に進むという原理になっています。

高さ60メートルの第二東名橋脚を点検するACSL製ドローン。

松本　ドローンがたくさん飛んでいる世界をイメージしますと、お互いに衝突しないように、あるいは進路上で障害物にぶつからないようにするには、かなりの制御技術が必要です。バッテリーが減ってきてプロペラの回転数が思うように上がらなくなったときには制御も狂います。そこで、たくさんのドローンに同時給電するという技術も将来必要になってきます。

一番難しい「姿勢の推定」の自動制御

野波　三次元空間を飛行する場合に、自分の姿勢が今どうなっているかという「姿勢の推定」が非常に難しいのです。私たちの乗る大型の航空機ですと、コンピューターをたくさん積んで、精度の高いジャイロや加速度計などと冗長なシステムを組んで演算できますし、人工衛星からのいろいろな信号も取れます。

しかし、ドローンの場合は、せいぜい5、6から10キログラム程度の小さな機体の中で、数十~百キロワットのパワーを使って姿勢制御しなくてはなりません。しかも、センサーにはたくさんの電磁ノイズが発生します。加速度計は非常にノイジーなセンサーですし、コンパスも本当に弱い地球の磁場を計測しているので、ノイズだらけの非常に過酷な空間の中で演算せざるを得ない状況です。「姿勢の推定」では、クォータニオンという四元数を使い、地上の座標に変換して、「今水平である」とか、「機体が何度傾いている」という判断をしています。そこが一番難しいアルゴリズムになっています。

松本　自分の姿勢を明確につかまないと、「どういう推力をどういう方向に出すか」という指令が出せませんからね。電磁界の観点から言うと、ノイジーな中ではシングルセンサーでは信用できませんので、マルチセンサーでノイズのランダムネスを使い、確率的に偶然ではなく、意味があると考えられる信号の有意差を拾い出すという技術を考えておられると思います。

野波　自律制御を使ったオートパイロット技術は、ドローンの一番の頭脳部で国際競争力になっていますが、日本では、国産技術を実装して製品として販売しているのは、今（2020年時点）のところ、私が創業した自律制御システム研究所（ＡＣＳＬ）も含め数社程度です。

一方、中国が猛烈な勢いで成長しています。オートパイロットの技術を持っている会社が日本の約10倍の30社くらいあります。中国は今、世界の市場の約7割を占めています。ですから、5年後、10年後の将来を考えると、非常に危機感を持っています。中国は、ドローンを戦略製品として位置付け、民間と政府と軍が一枚岩で研究開発を進めています。

■「知能ロボット」としてのドローンに期待

松本　視点を変えると、ドローンはある種のロボットと考えてもいいかもしれません。普通のロボットは地上を歩くだけですが、例えば飛ぶこともできるし、基地をつくって、大小組み合わせて荷物を分配するといった高度なロボットシステムが考えられます。

野波　私は、ドローンは「飛行ロボット」と言う方が正しいと思っています。空は飛行ロボットで、地上は地上ロボット、さらに日本の場合は海洋大国ですから、空、陸、海の三つの生活圏全体を新しいスマートモビリティーで連結して、新しい産業社会をつくっていくことも可能です。

松本　それは期待したい夢の一つですね。その際、人の近くまで行ったら、その人が「何をしてほしいと思っているか」ということをセンシングして、それをロボットシステムの中できちっと処理するという仕組みを考えなくてはいけません。ドローンが家庭の中で各部屋を飛び回り、必要なものを検知して、必要なアクションを取ることができないかと思うのですが。

野波　ドローンはある種のモビリティー、いわゆる手段としての価値はあるのですが、ただそこだけで終えてしまうのは非常にもったいないと思っています。頭脳にあたるＡＩ（人工知能）や、最近では通信の５Ｇ（第5世代移動通信システム）、クラウドなどさまざまな新しい技術を統合して、いろいろなことを自ら考えながら飛ぶ「知能ロボット」としての位置付けが必要だとは思っています。

例えば、物流で東京の空を飛ぼうと思ったら、考えながら飛んでくれないと困ります。「今日は調子が悪い。ちょっと着陸しなきゃ」というときには、自分で判断して、人や車がいない空き地まで高度を下げて不時着して救助を待つといった知性がないと、人口の多い都市の上空を完全自律飛行はできません。

松本　ただし、そのときのセンシング技術は、人文科学と自然科学が融合しないと実現できません。心理学と技術の融合が必要です。ある人の心理状態や脳の状態を他者であるドローンにどう伝えるか、ドローンがそれをどう判断するか。大変面白い領域です。そのときに、小型のドローンと中型のドローンの間の他者間通信がものすごく重要になります。小型ドローン群がいろいろな人をいろいろな形でヘルプして、小型群ができない領域に入ると、「こういうことをやってくれ」と中型ドローン群に情報を伝達していくシステムです。

野波　インテルではすでに、一人の人間が一台のコンピューターで2500機ほどのドローンを空に飛ばしています。これは新しい3Dグラフィックスの考え方ですが、ある種の知能です。「スワーム」と言っていますが、群知能としてある一つのミッションのために、2500機のそれぞれが「何をすべきか」を自ら判断するシステムです。このようなシステムが、将来災害対応や物流に入ってくると、自分は「何をしなくてはいけないか」を自ら判断することが可能になるわけで、大変興味深く見ています。

私はドローンが本当に社会に実装されていくために、社会許容性が必要だと思っています。例えば、住民感情としては音がうるさいといった状況があります。こうした状況をクリアするには、技術者集団だけではハードル的に厳しいところがあります。技術は完成していても、社会的な受容性を満たしていないために社会実装できない課題はクリアしていかなくてはなりません。

（2020年7月）

5Gで変わる社会

田中 孝司
Tanaka Takashi
KDDI株式会社 代表取締役会長

■Profile

たなか・たかし／1957年生まれ、大阪府出身。1981年京都大学大学院工学研究科修了、同年国際電信電話(KDD)入社。1985年米国スタンフォード大学大学院修了。2000年第二電電(DDI)、日本移動通信(IDO)と合併しディーディーアイ(現KDDI)発足、2003年執行役員に就任。ワイヤレスブロードバンド企画(現UQコミュニケーションズ)の立ち上げに携わり、2007年同社代表取締役社長に就任。2010年KDDI代表取締役社長に就任。2018年から代表取締役会長。

■5Gを使いビジネスの形をトランスフォーメーションする「共創」の時代

松本　2019年から、5G（5th Generation=第5世代移動通信システム）が世界のさまざまなところで利用され始め、日本も2020年春にサービスがスタートしました。多くのモノとモノをインターネットでつなぎ、大容量のデータを高速かつ安心してやり取りできる5G、それに続く6Gの時代はビジネスや日常生活が大きく変化すると予想されます。

田中　無線通信システムは、2000年以降、3G、4G、5Gと三つの世代があり、大体10年ごとに新しい技術に移っていっています。ネットワークのスピードも速くなり、生活やビジネスの利便性が飛躍的に向上しました。4Gは企業でも使っていますが、主に個人利用が中心です。

それでは、5Gはどうなるかと言うと、技術的にはスピードが4Gに比べ10倍速くなり、レイテンシー（データ転送の要求から実際の送信までに生じる遅延時間）も10分の1に短くなって、IoT（モノのインターネット）に代表されるあらゆるモノがインターネットにつながる同時接続可能数が大幅に強化されます。そこで、個人向けのビジネスが主眼だった4Gから、5Gは法人向けのビジネスが本格的に始まっていくことが期待されます。今（2021年時点）、世の中ではDX（デジタルトランスフォーメーション）がはやり言葉になっていますが、企業の中に5Gのネットワークが入っていき、そのネットワークを使って企業がいろいろなビジネスの形をトランスフォーメーションする時代になってきます。

松本　通信速度が速くなったことで、ＩｏＴで言えば、企業間の境目がなくなっていきます。自動車メーカーを例に取れば、単に車だけをつくっていたら儲かる時代は終わるということです。これからの企業の在り方としては、高速通信、５Ｇや６Ｇという手段を使って何を付加し、活用するかが問われてきます。

田中　我々、通信事業者が企業の方々と一緒になって新たな使い方やこれからの５Ｇを使ったＤＸの形をその企業の形態にマッチするようにつくっていくことが非常に重要になってきます。

この考えを、「一緒に価値をつくらせてください」ということで、我々は「共創」と言っています。今までは、通信事業者間で戦うという意味での「競争」でしたが、これからはお客様とお客様をつなげて新しい価値を生むために汗をかいていかなければいけません。これまで３Ｇ、４Ｇで進めてきた流れとは違い、共創にシフトしていくことが５Ｇの時代のポイントです。

松本　共創を実現するには、通信事業者はもう少し視野を広げ、将来的にどのように企業同士をつないでいけば本当のＩｏＴが実現できるのかなど、社会文化まで目を向けないといいアイデアは浮かばないと思います。

企業の垣根を越え、柔軟な発想で共にアイデアを出す

田中　新しい試みとして、ＫＤＤＩでは２０１８年９月に東京・虎ノ門に、５Ｇビジネスの開発拠

点として「KDDI DIGITAL GATE（デジタルゲート）」というスペースをつくりました。そこは、いろいろな企業から若い人たちを中心に参加していただき、ディスカッションする場になっています。今で言う「デザイン・シンキング」のような手法を使い、柔軟な発想で、「こうしたら面白いのではないか」「こうしたらもっとすごいことができるのではないか」ということを話し合っています。５Ｇの共創の時代は、自分たちだけではなく、他の会社とともに製品やサービスをつくらないといけません。次の時代を担う若い人同士で文系、理系の壁だけでなく、お互いの企業の壁を乗り越えていこうという試みです。

松本　まず将来を読んで、それを会社の中で共有化することは絶対必要です。企業間でも共有化の努力をし、社会全体で日本の未来を考えることが求められます。今、通信業界が掲げている共創の理念は、日本には昔からあった考え方です。世界を見ても、見えない絆を絡めて共創精神で共に助け合いということをずっと続けてきた国はそんなにありません。だからこそ、日本から５Ｇあるいは次の６Ｇを使った社会がどういうものになるかを示しながら進めてほしいと思います。

田中　今、ＫＤＤＩの研究所でフォーカスしているのは、５Ｇとその次のビヨンド５Ｇの時代です。そのため、最先端テクノロジーの応用研究拠点（KDDI research atelier）を立ち上げました。この先10年程度をターゲットにしていて、その先の基礎研究をする拠点とは分けた方がいいという考え方です。一方、基礎研究は細かい指示や目標を与えず自由に取り組んでもらえたら思っています。

（２０２１年１月）

女性活躍の条件

栗原 美津枝
Kurihara Mitsue
株式会社価値総合研究所 代表取締役会長

■Profile

くりはら・みつえ／千葉県出身。1987年一橋大学法学部卒、同年日本開発銀行（現日本政策投資銀行）入行。科学技術庁（現文部科学省）出向、財務、M＆Aなどの業務に従事した後、新設の医療・生活室長、新設の企業金融第6部長に就き、ヘルスケアファイナンスなどを統括。その間、女性起業サポートセンターを立ち上げセンター長を兼務、2015年常勤監査役。2020年価値総合研究所会長に就任。米国スタンフォード大学国際政策研究所客員フェロー（2008～2010年）。経済同友会副代表幹事も務める。

■女性活躍と「女性」の形容詞が付かない時代が理想

松本　私の身の回りには、活躍されている女性の方もおられますが、広く労働市場を見てみると、まだまだ制限されていると思います。相対的な数が少ないためか、私の印象では一人の女性の活躍が非常に大きく見えています。

栗原　私自身は、これまで女性という視点で仕事をしてきたという意識はありません。私が社会人になって35年ぐらい経ちますが（2020年時点）、当初は女性が管理職や責任あるポジションに就くという実績がなかったので、金融の分野でキャリアを積み上げてきました。今はいろいろな分野で活躍している女性が増えてきていますが、まだ、〝女性活躍〟というように「女性」が付きます。私の理想は、「女性」という形容詞が付かない、女性の活躍が普通になる時代が早く来ることです。

松本　女性の就業率が高い北欧などの国に行くと、例えばバスドライバーの方でも女性が多く、それが普通です。ですから、あまり男性、女性の意識はしません。ところが男性にしろ、女性にしろ、数が少ないところに行くと、すごく意識されます。例えば、今は看護師と言いますが、「看護婦」と言った時代のように、女性特有の職場に男性が入ると、違和感が生まれると思います。やはりマイノリティーとマジョリティーに分かれているような職場では、マイノリティーの人に違和感を持つというのは普通です。

栗原　企業や組織の中で、徐々に女性の数は増えてきましたが、環境を変えるという意味で、意思決定する層に女性が多くいるのは会社が大きく動くためには必要です。それから、今はいろいろな制度ができましたが、女性や多様性を持った人が「働ける職場」と、「働きがいがある職場」というのは違います。働ける環境はできましたが、「働いて楽しい」とか、「働きがいがある」とかといったことを一人ひとりが感じる組織風土にすることが企業に求められています。

　そして、働きがいを感じ、ウェルビーイングが達成されることは、ひいては企業価値の向上につながっていくはずです。

松本　男女の数が平等になると、今ある環境を変えていく力が生まれます。環境から受ける教育というのは大きいと思います。

栗原氏（左）と。

会社で女性のリーダーが出て、課長、部長と管理職のポストを経験していけば、使う言葉は今までの男性の長とは違う言葉になるでしょう。それが慣れとなって広がっていくと、会社の環境もだいぶ変わっていくと思います。

例えば、我々は研究者と言われる集団ですが、女性の研究者はまだ少ないのが現状です。特に、管理職は少ないです。研究者はある段階で競争社会になりますが、競争社会を成立させるためには、母数がないと競争になりません。一人、二人だと競争と言ってもしれていますが、１００人で競争し、そのうちの10人を選べば、その分野で優秀な人が選ばれます。ですから、まず女性の母数を増やすことが重要です。また、活躍している女性の方が広く知られると、そういう人になりたい、頑張ろうという意識に変わってきて、女性研究者の方も増えていくという気がします。

■組織の活性化に欠かせない多様な人材の確保

栗原　制度や仕組みづくりは、環境としては必要ですが、やはり組織の中でいかに実績をつくり、そして見える化をしていくかということが今求められていると思います。

日本企業と海外企業のM&A（企業の合併と買収）の仕事をしていたときに、アドバイザーになったことがあります。双方の企業の役員が並んだときに、日本の企業の役員は全員が男性でした。そこで海外企業の役員の方から、「男女という意味でこれだけ多様性がない組織に、果たして自分の会社をマネージできるのか」と聞かれたことがあります。社内だけでなく、外部からの目という点でも、女性をはじめ多様性のある人材がそろっていることが重要です。

松本　企業の場合、経営がうまくいっているときは、経営陣が皆、似たような考え方だと非常に効率の良い経営ができます。ところが専門領域とまったく違うことや、知識がない問題に直面すると対応できなくなります。そういう意味では、どんな場合でも誰かが対応できる多様性を持つことは、一般的には正しいと思いますが、効率は悪くなります。多様性を避けてきたのが日本企業です。多様性のある文化が必要だということは頭では認識できますが、多様性が本当に力になるのかと言われると、難しい面もあるのではないかと想像するのですが。

栗原　経営方針はあまり変えずに、むしろ安定的に経営をしたい時期と、経営を大きく変えることが必要なときがあります。その時々で必要な人材は違います。しかし、いろいろな経営者の方々とお話をすると、今のビジネスモデルのままでは10年後あるいは20年後には難しいと言われます。新しい経営を考えるためには、今いる人たちの効率性だけの議論では展望が開けず、多様性が必要です。ただし、違うバックグラウンドを持った人が単に集まればいいのではなく、議論の中でみんなが多様性を受け入れる素地がないといけません。

今までの経験から、何かビジネスのアイデア出しをするときやプロジェクトをつくるときには、あえてこれまでのチーム以外の人たち、専門ではない人たちにも集まってもらいました。そうすると、さまざまなアイデアが出てきますし、これまで見えていなかった意外性のある発見もあります。

企業には、女性も含めもっといろいろな人たちが力を発揮できる余地があります。リーダーがそれぞれの個性を引き出し、人材が生きる組織だと、企業は活性化するのではないでしょうか。

（２０２２年１月）

第3章

科学

宇宙開発への夢

立川 敬二
Tachikawa Keiji
宇宙航空研究開発機構（JAXA）理事長

■Profile

たちかわ・けいじ／1939年生まれ、岐阜県出身。1962年東京大学工学部電気工学科卒、1978年米国マサチューセッツ工科大学経営学部修士コース修了、工学博士。1962年日本電信電話公社入社、NTTアメリカ社長などを歴任し、1998年エヌ・ティ・ティ移動通信網（現NTTドコモ）代表取締役社長に就任。2001年宇宙開発委員会委員。2004年から宇宙航空研究開発機構（JAXA）理事長。

■未知へ挑戦する人間の知恵

松本　領土が限られている日本にとっての宇宙の位置付けを考えると、宇宙は海洋とともに資源開発の大変重要な一翼を担っています。世界の資源も有限ですから、資源は50年後には足りなくなるでしょう。その時に海に行くか、宇宙へ行くか、二つしかフロンティアは残されていません。開発を早くやった国が生き残ると思いますし、世界の信頼を集めます。

宇宙へは、20世紀に航空機から始まり、ロケットができて、それに物理学の進歩があって、機械工学、通信工学、情報工学と組み合わせて、人間がやっと手探りながら触手を伸ばすことができました。空海は、「すべては天と地の間」と言いましたが、天はまさに宇宙、地は地球あるいは大地あるいは海洋、そして天と地の間に人がいると、私は思っています。

立川　人類は生物の進化した形で、思索能力を持ち、ここまで到達してきました。特に、人間が未知へ挑戦したがる生物であるという点では、究極の生物の姿ではないかと思っています。ですから、人類が考えていかなければならないのは、未知へ挑戦することです。科学技術も未知ですが、芸術も新しいものを常に探究しています。その探究心を持っていることが人類の最大の特徴です。そして、宇宙科学は未知の可能性を探求する最たる学問ではないかと思っています。

昨年（2010年）、数々のトラブルに見舞われながら帰還した小惑星探査機「はやぶさ」も未知への挑戦になります。「イトカワ」という始原天体に行って、サンプルを採取し、地球まで持って帰ってきたというミッションで、大変な脚光を浴びました。

松本　大宇宙の隅々を完全に理解するには、今の観測網あるいは理論だけでは難しいということが、よく言われます。原理原則的には、物理学的な手法あるいは数学的な手法で進められていくと、ある程度以上のところは分からないことに突き当たります。いわゆる物理学的に積み上げでいく究極の状態と、一方、そこを離れて「宇宙とは何ぞや」「人間とは何ぞや」と思索を深めている宗教家、哲学者の言っていることが一致することがあります。実は宇宙は理学あるいは工学だけの研究の場ではなく、哲学の場でもあるんです。これは私にとって大きな驚きでした。

宇宙活動は人類が追い掛けてきた夢

立川　大宇宙としてのロマンがあります。宇宙のことは、依然としてまだまだ分からないことが多く、我々が分かっているのは４％に過ぎないと言われています。ということは、96％は分からない、未知の世界です。しかし、解明できる見込みがあるからこそ、「分かっているのは４％だけ」だということなのではないでしょうか。

宇宙活動はもともと人類が追い掛けてきた夢です。１９５７年に史上初の人工衛星として「スプートニク１号」が打ち上げられてから50年余りですし、宇宙開発が進歩したのは、この１００年くらいです。まだまだ宇宙には夢があります。

松本　最近では、文系の人も宇宙に興味を持ち出しています。宇宙は、本来持っている自然への畏敬、あるいはチャレンジする心を引き起こしてくれます。

小惑星の探査を目的に開発された「はやぶさ」が、2010年6月に小惑星「イトカワ」の微粒子を持ち帰った。
提供：JAXA

立川　目先の利だけを追求するような社会になってしまうと、若者にも夢がなくなります。子どもたちは星を見て何かゾクゾクとした思いを感じるわけです。天文学は子どもに好奇心や想像力をかき立て、宇宙はその良い材料となります。一昔前の世代では、『銀河鉄道９９９』などの宇宙を舞台にしたアニメが流行《はや》り、子どもたちに夢を与えたように、宇宙の謎が子どもたちの好奇心をかき立てるような教育に持っていきたいと思っています。

　ＪＡＸＡが取り組んでいる試みの一つとして「宇宙教育センター」がありますが、ここでは宇宙を夢見る子どもの関心を維持するための教育を行うと同時に、学校の先生や地域のボランティアの指導者たち４００

0人以上を対象に、宇宙に関するレクチャーも実施しています。宇宙教育という面では、長い間、学校の教科書に宇宙に関する記載が少なかったのですが、先般の教科書改訂の折に、宇宙開発利用や宇宙飛行士の話などを随分盛り込んでいただきました。

■宇宙利用に欠かせない産業化の視点

松本　夢を与える宇宙も、宇宙産業化が進み、宇宙関連の市場が大きくならない限り、宇宙利用は難しくなります。宇宙産業が育てば、科学者にいろいろ声がかかります。そういうポジティブなフィードバックが来るように、宇宙に関わる科学者もマインドを変えていかないといけません。そのためには、「宇宙の位置付けをどう考えるか」「人類にどう役立つか」「宇宙利用の全体をどうしていくか」といった視点が重要です。

立川　宇宙産業が始まってまだ50年で、宇宙産業と呼ぶような産業には育っていません。世界的には、ほとんどが官需で始まっていて、その後に民間に移した衛星通信や衛星放送、あるいは気象などが基本になって支えている産業は、世界でまだ数兆円規模しかありません。通信産業は日本だけで20兆円もありますが、日本の宇宙産業の市場は、周辺産業を入れても1兆円程度です。宇宙政策の一つの柱は宇宙産業の育成ですから、市場規模を伸ばしていくことは結果として宇宙利用の進展につながります。

宇宙産業の裾野を広げるには、エンドユーザーに結び付く産業を興さないとダメです。今、可能性が見えてきたのは、農業や漁業分野です。例えば、衛星通信を使って小麦の収穫高を予想できますし、海面の温度を測ることで魚群がどこを回遊しているかが分かるようになります。残念ながらマーケットが小さいのが現状ですが、このような国民生活に役立つ利用方法を見つけることが大切です。

松本　産業化できるかどうかは、ユーザーがこれは絶対必要だと思ってくれるかどうかが重要です。インフラは官主導で整備し、利用者が宇宙のマーケットにお金を払ってもいいと思えるような価値のある分野を探して、それに投資していくことが必要です。こういった仕組みをいかに組み立てるかは、国の政策にかかっています。

（2013年1月）

立川氏（右）と。

産学官連携の姿

吉川 弘之
Yoshikawa Hiroyuki
科学技術振興機構（JST） 研究開発戦略センター長
東京大学 名誉教授

■Profile

よしかわ・ひろゆき／1933年生まれ、東京都出身。1956年東京大学工学部精密工学科卒、工学博士。同年三菱造船入社、科学研究所（現理化学研究所）入所、1978年東京大学工学部教授、工学部長を経て、1993年総長。日本学術会議会長、日本学術振興会会長、放送大学長、国際科学会議会長、産業技術総合研究所理事長などを歴任。2009年科学技術振興機構研究開発戦略センター長に就任。瑞宝大綬章。主な著書に、「信頼性工学」（コロナ社）、「本格研究」（東京大学出版会）などがある。

産学連携に必要な「橋渡し研究」

松本　社会が変革を遂げていく有力な手段の一つが、産学官の連携です。その新しい試みとして、既存の分野や組織の壁を乗り越え、一つの拠点で知恵を出すCOT（センター・オブ・オペレーション）事業が始まりました。

吉川　産官学連携は、大学、官の研究所、企業がそれぞれ別々に従来と同じようなやり方を続けていては、うまくいきません。研究者が論文を書き、企業が論文を利用しようとした結果、偶発的に産学連携が起こることはあります。しかし、それは産学連携の伝統的な姿ではありますが、それだけでは社会全体が期待するイノベーションを実現する、望ましい連携は生まれず、そのままの形で無理に推進しようとすると、大学、研究所、企業はいずれも歪《ひず》みを生じる可能性があります。

そこで、私が2001年に産業技術総合研究所（産総研）の理事長だったときに、産学連携の「橋渡し研究」をやろうと言いました。結局、大学の人も企業の人も、面のインターフェースでしかないので、橋渡しがないと大発明にはつながりません。産学連携には、ある程度の空間、つまり大学と企業の間の橋渡し研究所が必要ということです。

松本　大学でも産学連携の必要性が認識され始め、今ではごく当たり前に知識の流動化、あるいは橋渡しが重要視されるようになり、研究者は伸び伸びと産学連携で活躍するようになりました。そして、産学連携をやってみたら意外と自分の研究は世の中で期待されているということに目覚める人が出てきました。
　ただ、従来は「必要は発明の母」と言ったように、まず必要性があって、開発や研究が始まっていましたが、今は「発明は必要の母」みたいな感じになっています。これからは産官学でバランスを考えて連携していかないといけないと思います。

吉川　それは本質的な問題だと思います。こういう結晶をつくったのだけど、何に使えるか分からないという研究者は現実にいます。特に高分子の分野では、そういう人が非常に多くなっています。有機ナノチューブもいまだに何に使っていいか分からない状況です。

松本　それ以外の問題としては、それぞれの学会が違うなど、知識をお互いに共有しにくい環境になっています。研究室が違うと、隣が何をしているか詳しくは分からないくらい、それぞれの専門領域が深くなっています。

産学連携の成果は、企業成長の原動力となる。

社会が何を求めているかを突き詰める

吉川　研究者がそれぞれの専門領域を共有化する鍵は、知識のインテグレーションです。私の役目は、専門領域である「ディシプリン」を壊すということだと考えています。分かりやすいのは電気工学と機械工学で、「オームの法則」と「フックの法則」は物理学までいけば別ですが、現象的には関係がありません。ですから、2人の設計者は自分の学問領域に閉じこもっていては対話もできません。しかし、実際は一緒に研究することができます。そういった意味で、ディシプリンを超えた「メタディシプリン」みたいなものをつくるのが私の仕事です。世の中は何を欲しているのかという視点が必要だと思っています。政府の科学技術基本計画には、例えば、「健康寿命を長くするためにバイオテクノロジーを研究する」と書いてありますが、健康寿命を長くするというのは、どういう意味で長くするのかがよく分かりません。こうした抽象的な命題では、研究してほしいというメッセージが伝わってこないわけです。

そこで私は、本当に社会が何を求めているのかということを研究課題にしようと提案しています。それは「Social Wish」、つまり社会的期待の発見研究です。社会的期待がエビデンスを持って示されれば、それを分析することによって、こういう複数のディシプリンが必要になるということが分かります。そうしたら、そのディシプリンを集めて共有すれば、ターゲットは皆同じですから、研究者たちが一緒に仕事ができるようになります。

社会的期待の発見研究を誰がやるかというと、基本的には社会科学者であり、人文学者や心理学者、経済学者、社会学者です。ところが聞いてみると、誰もそういうことをやっていません。経済学者は現在の社会を忘れていますし、社会学は非常に特殊な社会現象だけを追っていて、モデルをつくってそれで終わっています。社会科学と理学の科学者の連携ができてこそ、初めて産学連携がうまくいくのではないかという仮説を持っています。

■社会はどうあるべきかというビジョンを共有

松本　私が吉川先生に初めてお会いしたときには、先生は国際科学会議（ＩＣＳＵ）の会長をしておられましたが、「Science for Society」、世の中のための科学ということを非常に声高におっしゃっていました。

私はもともと電子工学の出身ですが、研究のウエートが大きかった宇宙科学は、「なぜか」ということを問う世界で、要するに好奇心の固まりみたいな研究です。しかし、私は工学を志向したくらいですから、研究成果が社会に役立たなければならないと思っています。産官学連携にも、社会はこうあるべきだというビジョンをまずつくり、そのビジョンを共有化する仕組みが必要です。その試みの一つが、文部科学省が科学技術振興機構（ＪＳＴ）と共に始めたＣＯＩです。まず日本社会、世界社会はどうあるべきかというビジョンを共有し、それに向かっていろいろな人々を糾合していく。理工系だけなく、社会科学・文科系の方々にも入ってもらわないと、そのビジョンは実現できません。理工系と異分野の方々、そして企業と大学、それらをコントロールできる官の方々が「Under One Roof」、一つの屋根の下で研究をしましょうと働きかけています。

吉川　私が２００９年にＪＳＴの研究開発戦略センター長に就任してから、真っ先にはじめたのが社会的な期待を発見することと、科学技術系の俯瞰《ふかん》報告書をつくることです。一体どういう技術を誰がどのように研究しているのかを分野別に２年がかりで調査して報告書をつくりました。その一方で、全職員60人くらいを集めて、３日間くらいかけて社会的期待について議論をしました。

それを整理して社会的課題を研究開発領域へ近づけるシナリオを描き、「邂逅《かいこう》プロジェクト」と名付けた報告書にまとめました。それが文部科学省の目に止まり、そこで生まれたのが分野を超えてイノベーションを目指すＣＯＩです。まさにＣＯＩは、産学連携の一つの形です。ポイント、ポイントではなく、大きなビジョンから出発して、初めて産官学の連携が実現できる流れができて非常に良かったと思っています。

（２０１４年10月）

吉川氏（右）と。

社会のための科学

濵口 道成
Hamaguchi Michinari

科学技術振興機構（JST）理事長
第13代名古屋大学総長

■Profile

はまぐち・みちなり／1951年生まれ、三重県出身。1980年名古屋大学大学院医学研究科博士課程修了。同年医学部附属癌研究施設助手、1985年9月米国ロックフェラー大学分子腫瘍学講座研究員（1988年8月まで）。1993年名古屋大学医学部附属病態制御研究施設教授。2003年同大学院医学系研究科附属神経疾患・腫瘍分子医学研究センター教授。2005年同大学院医学系研究科長・医学部長を経て、2009年総長。2015年10月科学技術振興機構理事長に就任。文部科学省の科学技術・学術審議会の会長ほか各種委員を務める。

科学が暴走しないマネジメント

松本　科学技術は、現代社会において外すことができない非常に大きな要素になっています。同時に、科学技術の成果を社会に生かすための政策やマネジメントが重要になっています。

濵口　科学技術の求められる要素は、20世紀から21世紀に移ってきた過程で、多様になってきています。１９９９年に採択された科学と科学的知識の利用に関する世界宣言であるブダペスト宣言では、科学技術の役割を4つに規定しています。一番目は「知識のための科学」です。これは、人類社会の科学というコンセプトとしては、人間の好奇心がベースになり、「世の中はどうなっているのか」「人間はなぜ存在するのか」「宇宙はどうなっているのか」など、ルネサンス以降、一番磨き上げてきたものだと思います。二番目は「平和のための科学」、三番目は「開発のための科学」、そして、四番目が「社会における科学と社会のための科学」です。この二、三、四番目は新しい科学の役割です。従来、我々があまり意識していなかった部分ですが、人文社会科学がかなり重要な役割を果たすエリアでもあります。

松本　ブダペスト宣言が出された頃からすでに、「このまま科学技術が進歩していくと人類社会がどこまで発展するのか」「発展した結果はどうなるのか」といったことを、科学者は薄々分かっていたと思います。ですから、持続可能な社会という視点で、「Science for Society」「Science in Society」が議論されました。しかし、私はもう一つ、「生存のための科学」が大変重要だと思っています。このまま科学や技術が進めば進むほど、暴走の様相を呈し振幅が大きくなります。
私は、「Sustainability」でなく、暴走を抑えて生き残れる「Science for Survivability」という言葉を使っています。生存のための知恵を出そうということです。そのためには、いわゆる純粋の理工系の科学や技術だけではなくて、人文社会科学の哲学がないと生き残れません。

濵口　Survivabilityとか、Sustainabilityと言ったときに、問題となるのは研究者は個人で動くということです。「社会のための科学を研究してください」と言っても、基本は個人の好奇心がベースになっていますから、サイエンスが暴走しないように未然に予防策を打ったり、誘導をしたり、しっかりしたマネジメントをしていかないといけません。

■細分化した科学を統合する

松本　もう一つ、現代社会の科学はびっくりするくらい細分化が進んでしまいました。個々の学問が進んでくると、分からないことが次々と出てきます。分からないことが出てくると、さらに追究しようと思い、大きなテーマから小さいテーマにどんどん分かれていきます。それぞれの分野での未知の部分は減っていきますが、いくら掘り下げても、いくら分類していっても分からない部分が残ります。物事を細かくしていって個々の要素を理解すれば、元の物事全体も理解できるという考えは、ルネ・デカルトの還元主義から始まりましたが、彼は分けただけではダメで、分けて理解できるところまでいったら、今度は戻ってきて統合しなさいと言っています。今まで、科学は細分化の方向だけに流れていますが、統合へ向かっていかなくてはならないと思っています。

明治の文豪である夏目漱石の隻眼《せきがん》の一端として、１９１４（大正３）年に芸術を論じた随筆「素《しろ》人《うと》と黒人《くろうと》」の中で黒人《くろうと》を批判し、「黒人は局部に明かるいくせに大体（全体像）を眼中に置かない変人に化けていく」、一方、「（その弊を免れている）素人は馬鹿馬鹿しいと思っても、先が黒人だと遠慮して何も言わない。すると黒人はますます増長してただ細かく切り込んでいく。それで自分は立派に進歩したものと考えるらしい」と述べています。このエピソードはまさに高度に細分化を遂げた学術にも当てはまる警告ではないかと思います

濵口　現実的に見ていると、やはり要素技術にどんどん分解しながら、今の日本のマテリアル・サイエンスはどこまで進んでいくのか、遺伝子工学はどうなっているのかという、ある種サーベイをやっている状況が強いと思います。「今後５年、10年後に社会なり科学なりがどう展開するのか」「今見えていない分野は何なのか」「現在の解析では手が付いていないものは何なのか」「全体として統合的にどういう方向へ展開していくのか」といった研究が、まったくできていない感じがします。

■学術、科学、技術、産業各分野の距離を縮める

松本　社会のための科学を実現するには、社会を変革するようなイノベーショ

濵口氏（左）と。

ンが欠かせません。しかし、日本にはこの30年くらいイノベーションが起こっていません。

どうしたらイノベーションや社会変革が起こせるのかということで、次の社会がどうなるかをデザインする「イノベーション・デザイナー」という集団を考えました。その人たちはイノベーションのアイデアを考えるだけで、他の部隊が実行し、そして新しいアイデアは知的財産としてアイデアを考えた人たちに属し、この知財を国や企業が使うときにはお金を払うという仕組みです。理化学研究所でそういう集団をつくってみようかと思っています。

濵口　実は日本社会を見ていると、戦後間もない頃はリスクを取って起業化していました。その中からホンダやソニーといった日本を代表する企業が生まれました。当時の日本人はリスクを取れる、多様性があったわけです。

松本　社会が大きく変わってしまうということは、「ディスラプティブ（破壊的）・イノベーション＝disruptive innovation」と言われるように、今までの何かを否定しないといけません。否定しようと思うとしがらみがあり、現在、何かを持っている人たち、あるいはポテンシャルを与えられている人たちは、それを捨てないといけません。そういう意味では、非常に勇気のいる仕事だろうと理解しています。

明治の初期の人たちが１００年後の世界を想像した新聞記事がありますが、ほとんど当たっています。現在普及しているクレジットカードも、携帯電話も当てています。デザイン能力は、日本人も豊かだと思います。ですから、デザインだけをさせ、そのうちのいくつかに現実問題としてチャレンジしていくという構図をつくらないことには、イノベーションが進まないのではないかと心配しています。

濵口　研究成果が出てから実用化を探すという状況は、ある種、日本企業がずっと敗退してきた問題点でもあると思います。高度化、先進化してどんどん難しい機械をつくっても、誰も使わないことになりかねません。科学技術の成果を出すことと、それを現実の社会にどう展開して使っていくことには知恵が必要です。両者はものすごく距離感があります。産業界と科学技術も距離が離れてきています。

松本　近代産業は科学のバックアップがないと進まない時代が20世紀に続きました。ところが最近は、科学の新しい知識がなくても、いろいろな組み合わせで新しい産業ができています。そうすると、企業の基礎研究は切られ、大学で研究してほしいというように変わりました。同じように、学術と科学も、科学と技術も離れつつあります。

産業の場合は、技術は最新でなくても、既存の技術と既存の知識だけで新しい製品をつくれます。どんどん産業と科学技術の距離が離れていっています。学術、科学、技術、産業の距離を縮めるということも、今後の科学技術の一つの政策ではないかという気がします。そのためにも、若い人に大きなリスクを背負わせないで、確実に研究してもらえるメカニズムをつくらないといけないと思います。つまり、失敗したらダメというのではなく、失敗してもまた再チャレンジできる仕組みづくりです。

（2016年1月）

骨太のイノベーションを担う

中鉢 良治
Chubachi Ryoji
産業技術総合研究所 理事長

■Profile

ちゅうばち・りょうじ／1947年生まれ、宮城県出身。1977年東北大学大学院工学研究科博士課程修了、工学博士。同年ソニー入社。記録メディア事業本部ビデオテープ事業部長などを経て、2002年執行役員常務。2004年執行役副社長兼COO、2005年取締役・代表執行役社長兼エレクトロニクスCEO、2009年取締役・代表執行役副会長。2013年から産業技術総合研究所理事長。

研究競争力を高めるために不可欠な産学連携や国際連携

松本　日本が科学技術で世界と戦うには、10年後、20年後を考えた競争力のある研究体制の構築が避けられません。その一環として、産業技術総合研究所（産総研）と理化学研究所（理研）、物質・材料研究機構の三つの国の研究機関が、世界トップクラスの人材を確保できる特定国立研究開発法人になりました。日本の研究競争力を高めるという大きな狙いのある特定国立研究開発法人に期待がかかっています。

中鉢　私は民間企業に40年近く在籍していましたが、民間は例えば1社で主要な製品をつくるというように、製品化への集積度が非常に高いと言えます。一つのジャンル、あるいはいくつかのジャンルに対して、数千人の人たちが研究から開発、そして製造、販売を一体的に捉えています。その長い道のりの中での研究開発ですから、研究開発は前工程として位置付けられますが、最終的なゴールは財務諸表に表れる売り上げや利益などで示され、非常に明確です。

一方、公的な研究機関は、研究結果そのものが一つのゴールになります。そのあとで産業界に橋渡しをすることで、駅伝で言うと1区か2区を走るという感じだと思います。その中でも産総研は、社会あるいは企業に技術というタスキを渡すことがミッションになります。基礎研究や応用研究で培われたものを企業へ渡す役割が期待されているわけです。この期待に応えるためには、産学連携や国際連携が不可欠で、今ひしひしとその重要さを実感しています。

松本　日本で研究体制は、総合科学技術会議、今の総合科学技術・イノベーション会議（ＣＳＴＩ）が司令塔になっています。そこで出てくる第５期科学技術基本計画では、官民合わせてＧＤＰ（国内総生産）の４％を研究開発投資に充てることを目標とする一方、官の予算では、ＧＤＰの１％、５年間で25兆円、１年で５兆円が財政的な目標となっています。しかし、その５兆円は一体どこにいったかという感覚を私は持っています。

中鉢　ＧＤＰの１％を投じて、科学技術を促進しようとする計画で、官から大学、公的研究機関に予算が投じられています。しかし、実態はその３倍、４倍の研究開発費が民間で使われていますので、トータルにすると年間20兆円弱の研究開発費用で日本の研究競争力が形成されています。

　結局、日本の研究開発は、特に応用研究は民間に委ねている部分が多くあります。大学や公的研究機関の研究費が少ない分、基礎研究の部分は弱体化しています。民間にとっては基礎研究に対する期待はあるものの、民間から公的研究機関への実際の投資は全研究開発費の１％未満ですから、統計上はゼロとしか出てきません。ここが諸外国と随分違うところです。

　ＧＤＰの１％を守るか守らないかが非常に強調されていますが、むしろ私は民と官あるいは民と学の資金の流れと、それに伴う人材の交流の方がより重要なのではないかと見ています。

松本　企業としては、自分の製品に役立つということで大学の基礎研究を使いますが、実は基礎研究の部分は３割くらいで、本当に泥くさい製品化まで持っていくにはあと７割もあります。その７割を付き合ってくれないとなると、企業は基礎研究のアイデアをいただく名刺代わりに、お金もせいぜい数百万円程度しか渡しません。ところが、米国では企業が大学に10億円を出す代わりに、10億円に見合った製品化のぎりぎりまで付き合ってくださいということが文化として成立していますから、企業に頼みやすいところがあるのではないかと思います。日本の企業には、10億円を大学に渡しても製品化まで付き合ってもらえなかったら無駄金になるという感覚があります。

発明から製品化、事業化までの「1、10、100の法則」

中鉢　私は前職でソニーにいましたが、創業者の井深大《いぶかまさる》さんはこんなことをおっしゃっていました。大学や企業で、あるヒントを得て発明を思い付いた努力の度合いを1とすると、それを技術的に量産し、価格を決め、品質を整えるための努力はその10倍である。しかも、それを市場に投入してお客様からお金をもらって、事業として成立するためにはまたその10倍かかる。これを私たち、井深さんの弟子たちは、井深さんの「1、10、100の法則」と言っていました。いずれにしても、商品化、事業化という後工程は想定外のデスバレー（死の谷）が待ち構えています。ところが、大学と企業がデスバレーを共同で渡るのかというと、そうではありません。産学官の連携推進という風潮になってきた現在でも、キャリアプランとして企業に移って、研究者生活を終えようという研究者はあまりいないように見えます。お金の流れのみならず、人の流れも非常に悪くて、人材の交流が不十分というのが現状です。

松本　国を挙げ、省庁を乗り越えて協力しないと外国に太刀打ちできないという機運が高まり、国立研究開発法人という研究開発のための法人が切り出されました。その時に国立研究開発法人協議会（国研協）をつくりませんかという話を中鉢理事長にさせていただき、短期間で国研協が出来上がりました。

中鉢　私が国研協に賛同した理由はいくつかあります。一つは、イノベーションを起こすタネを見つけるのがかつてよりも極めて難しくなったことが挙げられます。自分たちのフロントヤードのところはすでに掘り尽くされており、そこからイノベーションのタネを見つけるには困難が伴い、確率も悪く、もう少しフロントヤードを広げるためには、他機関との連携は必然です。

もう一つは、ＩｏＴ（モノのインターネット）により今までよりも情報が広く取れるようになったことです。情報が広範囲に取れるのに、自分のワーキングエリアを限定することは、むしろイノベーションに背を向けることになります。ＩｏＴの本質は、情報の広がりと同時にほかとつながることです。そのつながりを手段として連携をしないという手はありません。

そのために、産業界との連携も強めなければいけないと思っています。最終的にはアウトリーチ活動あるいは産業界への技術の橋渡しということもあるかもしれませんが、少なくともその前段階としてヒト・モノ・カネ・情報の連携の度合いを強めていかないといけません。

中鉢氏（右）と、ホテルニューオータニ東京。

産学官で考えるオープンイノベーションの場

松本　日本でイノベーションが起こりにくくなっている原因は、日本の文化と大いに関係があります。日本にはチャレンジする人に対して失敗を許さない、失敗者に対しては非常に冷淡という文化があります。一方、米国は「失敗したらまたチャレンジすればいい」と期待して見てくれます。加えて、日本社会は世界的に見ても非常に優秀な社会になっており、平和ですし、犯罪も少なく、経済レベルもそこそこ高くて、国民の中流意識の幅が非常に広くなっています。そういうことで、ちょっと不満はあるけれど、これでいいやという満足感みたいなものがあり、チャレンジして自分が犠牲になってまでイノベーションを考えなくてもいいという風潮があるように感じます。

特に、日本では「将来、日本社会がどこへ行くのか」という、大学、国研、産業界が共通して目指していくためのビジョンに基づいた文化がありません。

中鉢　何とか生き延びる、維持するという日本の企業体質では、これからは立ち行かないということに気付き、何かもっと骨太のイノベーションが欲しいというのが、今の産業界の望みではないでしょうか。この役割を公的な研究機関に担ってほしいとなると、融合の場をパブリックドメインにして進めていくというオープンイノベーションの考え方が極めて有効になります。

また、イノベーションをデザインする場合には、孫の代まで、100年というタイムスケールで考えることが大切です。孫の代が「今より豊かに暮らせるのか」「彼らに負の遺産を残すことにならないのか」といったことを考えないといけません。

（2016年7月）

iPS細胞ヒストリー

山中 伸弥
Yamanaka Shinya

京都大学iPS細胞研究所(CiRA) 所長・教授

■ Profile

やまなか・しんや／1962年生まれ、大阪府出身。1987年神戸大学医学部卒、同年国立大阪病院臨床研修医、1993年大阪市立大学大学院医学研究科修了、医学博士。奈良先端科学技術大学院大学遺伝子教育研究センター教授、京都大学物質－細胞統合システム拠点教授などを経て、2010年京都大学iPS細胞研究所所長に就任。米国カリフォルニア大学サンフランシスコ校グラッドストーン研究所上席研究員。アルバート・ラスカー基礎医学研究賞、恩賜賞・日本学士院賞、文化勲章、ノーベル生理学・医学賞などを受賞。

治験が進むALSやアルツハイマー病の創薬

松本　万能細胞とも言われるiPS細胞（induced Pluripotent Stem cells）の医療応用への期待に応え、再生医療や創薬などの実用化に向け、臨床研究・治験が進んでいます。

山中　いろいろな製薬会社と協力しており、特に難病と言われるALS（筋萎縮性側索硬化症《きんいしゅくせいそくさくこうかしょう》）や、アルツハイマー病に対して薬の候補が見つかってきています。ALSについて、私たちは2019年3月に治験を開始しましたし、慶應義塾大学病院でも治験が行われています。10年くらいかかってしまいましたが、iPS細胞の持つ力が創薬にようやく生かされようとしています。難病に対する創薬への貢献は、ある意味再生医療より大きいかもしれないと思っています。

松本　iPS細胞を使った創薬の研究では患者さんの細胞をもらわなければなりませんが、ALSなどの難病の場合はサンプル数が少なくて研究が遅れるということはないのですか。

山中　ALS患者さんは国内で約1万人おられ、毎年新たに約2000人がALSを発症していると推定されています。ALSは運動神経細胞が死んでいく病気です。運動神経細胞は、長いものは1メートルくらいあるのですが、運動神経細胞が切れるとその先の筋肉が動かなくなってしまいます。運動神経細胞は1本1本大切ですから、患者さんに「研究のために使わせてください」「バイオプシー（生検）で1本ください」というわけにはいきません。そのため、なかなか研究が進まなかったのですが、ｉＰＳ細胞は患者さん一人ひとりの皮膚や血液の細胞からつくれますし、1万倍でも100万倍でも増やせます。そして、ｉＰＳ細胞を増やした後で運動神経細胞に変えることができます。そうすると、ＡＬＳ患者さん由来の運動神経細胞を、研究者や製薬会社が大量に使えるようになります。

それで分かってきたのは、ＡＬＳ患者さんのｉＰＳ細胞から運動神経細胞をつくると、細胞死を起こしやすいということです。しかし、健常の方のｉＰＳ細胞から運動神経細胞をつくっても、そのようなことにはなりません。患者さんの体内で運動神経細胞が死ぬという病態が、ｉＰＳ細胞を使うと実験室で再現できるようになってきたのです。

■患者さんにあった薬の開発に役立つｉＰＳ細胞の技術

松本　健常者とＡＬＳ患者の運動神経細胞は何が違うのですか。

山中　それを今徹底的に調べていて、だいぶ原因も分かってきています。そして、薬の効果は人によって違うということが分かってきました。同じ病名で同じように運動神経細胞が死んでいく病気なのですが、原因は人によって違います。そうすると、今までのように薬をつくって、それをＡＬＳの患者さんに一様に投与するようなやり方では、効く人には効きますが、効かない人も多数います。臨床試験や治験というのは平均的に有効性を判定しますので、ほとんど効かないとされてしまうことにもなります。病名はＡＬＳと一緒でも、原因は実は人によって違うのです。

アルツハイマー病も、同じアルツハイマー病でも患者さんにより病態が違うということが分かってきています。ですから、アルツハイマー病でも、この患者さんにはこの薬という処方が必要になります。

アルツハイマー病患者さんの全員に効く薬を追い求めて失敗し、アルツハイマー病から手を引くと言っている大手の製薬企業もあります。しかし、患者さんは国内だけで何十万人もいるのですから、製薬企業に手を引かれたのでは困ります。今までのやり方ではなく、何十万人のうちの1万人に効く薬、違う5千人に効く薬というように、グループごとに効く薬を見いだし、その薬を誰に投与したらいいかを分かるようにすることが21世紀には求められています。そのためにｉＰＳ細胞の技術は、ＡＬＳの例がそうであるように、かなり役に立てるのではないかと思っています。

松本　病態は患者さんにより違うということは、一人ひとりの細胞の中に常にそういう情報が全てあるということですか。

山中　遺伝情報の中に入っている場合が多くあります。今はまだまだ全員の遺伝子検査はしていませんが、将来的には遺伝子を調べて、この人はアルツハイマー病になるリスクはどれくらいあり、もしアルツハイマー病になったらこの薬を処方するといったように、プレシジョン・メディシン（精密医療）、パーソナライズド・メディシン（個別化医療）といった医療の流れになっていくと思います。

例えばパーキンソン病の患者さんでは、脳の中の特殊な神経細胞が加齢に伴い失われていきます。

この神経細胞はドパミンという物質をつくる特殊な神経細胞ですが、そのドパミン産生量が減少することでパーキンソン病が発症します。ですからドパミンさえつくられれば病気は治るはずです。そこで、あらかじめ別の健常な方からiPS細胞をつくっておいて、そのiPS細胞からドパミンをつくる神経細胞を大量につくり、注射で脳に移植します。今（2019年時点）、京都大学医学部附属病院で治験を行っています。

ただし、他人由来の細胞を移植することで問題になるのは拒絶反応です。そこで今私たちは、何百人かに一人の割合で拒絶反応を起こしにくい特殊な免疫のタイプ（HLAホモ型）をお持ちの方を、日本赤十字社にご協力いただいて見付け、同意くださった方の血液から臨床用のiPS細胞をつくっています。そのような方からiPS細胞をつくると、一種類で日本人の最大約17%、つまり約2000万人をカバーできます。その細胞を使って目の難病である加齢黄斑変性や、パーキンソン病の臨床研究・治験が行われています。それでも、日本人の9割をカバーしようと思うと、140種類くらいつくらなければいけません。今までに4種類を出荷していますが、近年画期的なゲノム編集技術がすい星のように現れていて、この技術を組み合わせて臨床用iPS細胞をつくる計画を進めています。そうすると、これまでにつくったiPS細胞と合わせて全部で10種類くらいつくると、世界のほぼ全ての人をカバーできることが分かっています。

■iPS細胞技術で、日本で先駆けて薬価を取ることが念願

松本　研究拠点のCiRA（サイラ＝京都大学iPS細胞研究所）は500人超の体制になってい

ますが、今後どんなビジョンをお持ちですか。

山中　iPS細胞技術を使った医療に関して、最初に日本で実現したいと思っています。それは、薬価が付くからです。薬の値段を日本の場合は厚生労働省が決めますが、日本で薬価が最初に付くと、比較的適正なところに落ち着きます。製薬企業ができるだけ高く付けたいと思ったとしても、日本は国民皆保険で国家財政負担になりますから、できるだけ薬価は抑えたいという背景があるからです。

幸い、厚生労働省により、再生医療などにおいて「医薬品条件付き早期承認制度」がつくられました。これには海外の企業も注目しています。今までは、治験を行い、安全性と有効性が確認されて初めて承認を得られたのですが、条件付き承認では安全性が確認されれば、効果は臨床試験の結果などで期待される場合には承認されます。例えば、札幌医科大学の脊髄損傷に対する再生医療等製品は条件付き承認を得ています。ただし、条件付き承認をされても、しばらくは特定の病院だけでしか保険適用になりません。それでも保険適用されることは、そこでいったん薬価が付きますので、意義が大きいと思います。

（2019年7月）

山中氏（後ろ）と。

日本の科学の世界的な貢献

小谷 元子
Kotani Motoko

東北大学 副学長
数学者（国際学術会議 次期会長）

■Profile

こたに・もとこ／大阪市出身。1983年東京大学理学部数学科卒。1990年東京都立大学大学院理学研究科修了、理学博士。独マックスプランク研究所客員研究員、仏高等科学研究所（IHES）訪問教授、東北大学大学院理学研究科数学専攻教授、材料科学高等研究所所長などを経て、2020年同理事・副学長就任。2021年国際学術会議理事会（次期会長）。内閣府総合科学技術・イノベーション会議議員、沖縄科学技術大学院大学学園理事、日本数学会理事長、理化学研究所理事を歴任。第25回猿橋賞、東北大学総長特別賞、同教育賞を受賞。

学術・科学で世界をリードできる体制づくり

松本　小谷先生は２０２５年度に就任される国際学術会議（ＩＳＣ：International Science Council）の次期会長に選出されましたが、日本から世界で活躍される方が出るというのは大変うれしく思います。ＩＳＣの会長として、どの国が何を主張するのかといった情報をあらかじめ集めて、総会で対立がないように根回しをすることも必要になります。

小谷　ＩＳＣは科学者コミュニティーではありますが、各国政府の科学技術施策に働きかける仕事もあります。その場合には世界のそれぞれの国の科学技術がどのように動いているかという情報がないと適切な判断ができません。

また、次期会長の一番大きな役割に、２０２５～２０２７年の「ＩＳＣアクションプラン」をつくることがあります。次期会長はＣＳＰ（The Committee for Science Planning）という委員会の座長を務めることが決まっており、そこで将来構想を練ります。委員は、各会員学会から推薦を受けて選ぶ仕組みになっており、エビデンスに基づいたアクションプランをつくりますので、多くの方からのインプットやアドバイスが必要になります。その際、国際的な科学組織・学術団体で高いポジションに就いておられる日本の方たちと定期的に情報交換できると随分違うと思います。それぞれの学会や研究分野でどういうことが重要課題になっているかが分かりますし、学術・科学の展望を把握して先が見えることにもつながります。

松本　国際的な団体を引っ張っていこうと思うと、専任の事務局の人たちと連絡を密に取らないといけないですね。日本には、国際事務局に対応する独自の事務局がありません。

小谷　私は内閣府の総合科学技術・イノベーション会議（ＣＳＴＩ）で、日本の科学技術の５カ年計画をつくる仕事に３回携わりましたが、事務局がたくさんのデータを集め、関係省庁と調整しながら策定しました。今回のように国際的な組織で仕事をする際にも、事務局のサポートや情報が欲しいですね。

ＩＳＣの歴史を見てみると、１９８０年か１９８５年の間に毎年、気候変動を扱っている学術団体や国際科学会議（ＩＣＳｕ：International Council for Science、ＩＳＣの前身）などと、学術的に気候変動の議論をした５年間の結論として、政府間のパネルをつくる提案をし、それを受けて１９８５年にパネルが設置され、そしてパリ協定採択の流れになっています。国際社会では、まず学術分野で科学の観点からの議論・提言があり、それが政策に結び付いていきます。時間はかかりますが、学術・科学で日本が世界的にリードできるような情報収集をはじめ、このような体制ができるといいと思います。

■分野の違う科学のつながり

松本　日本では小規模の学会がたくさんあり、横のつながりが希薄です。物理と数学は、数理物理という形でかなり密接に連携してこられたようですが、例えば生命科学と数学はここ数年間で交流が始まりました。小谷先生がＩＳＣの会長になられるチャンスを捉え、いろいろな学会に声をかけて人を集めて、政府や世界が問題にしている事象について集中的に議論をし、ＩＳＣを通じてまた学問に流すという仕組みづくりが欠かせません。

小谷　日本では２００６年くらいから数学と諸分野や産業界との連携をキーワードにして、国の施策が進められました。諸分野とのつながりを持ちたいという思いが強く、経験を持つ研究者が育ってきていると思います。科学技術振興機構（ＪＳＴ）の個人研究型「さきがけ」やチーム研究型「ＣＲＥＳＴ」も数学と諸分野との橋渡しをしました。私自身も、最初に材料科学とのつながりを持ったのは、ＣＲＥＳＴの支援を受けてです。ＣＲＥＳＴに２００８年に数学の領域ができ、材料と数学の連携研究を提案し、それが目に留まったのか、ＷＰＩ（日本学術振興会の世界トップレベル研究拠点プログラム）によって東北大学に置かれた材料科学高等研究に関わるという流れになりました。

特に機械学習やＡＩ（人工知能）、ネットワーク、セキュリティーなど、数学が貢献できる、また刺激を受けることができる分野があります。数学はどちらかというと美しい、単純、抽象性といったことを重要と考えてきました。それは変わっていませんが、21世紀になり、数学も複雑な現象を扱えるようになり、ようやく多様な分野や社会からの期待に応えられる状況になってきました。一方、諸分野や産業界で数理科学技術を活用したいという強い要望も出てきました。

（２０２２年７月）

安心感のある日本の医療

平野俊夫
Hirano Toshio
第17代大阪大学総長
量子科学技術研究開発機構　初代理事長

■Profile

ひらの・としお／1947年生まれ、大阪府出身。1972年大阪大学医学部卒、医学博士。免疫学者。大阪大学大学院医学系研究科長・医学部長などを経て、2011～2015年第17代大阪大学総長。2016～2023年量子科学技術研究開発機構初代理事長、2020～2022年国立研究開発法人協議会会長。インターロイキン6を発見、その作用機序を解明。クラフォード賞、日本国際賞、瑞宝大綬章などを受賞。

ホームドクターのいる地域医療と、高度医療を提供できるシステム

松本　国民皆保険がベースになっている日本の医療は、世界全体の中で見ますと、病院がたくさんあり、国民が割合安心して医者にかかれる状況にあると感じています。今回、猛威を振るった新型コロナウイルスは、地域の患者に寄り添った医療の大切さを再認識させてくれました。

平野　日本の医療は、国民一人ひとりが平等に一定レベルの水準を満たした医療を受ける機会が与えられているという点では、素晴らしいシステムだと思います。ですが、欠点でもあります。例えば非常に高度な医療を提供する病院にまで、風邪のような普通の病気を診てもらうために患者さんが押し掛け、高度な医療の妨げになるといった弊害があります。今では大きな病院は、地域の医療機関の紹介状がないと初診料が高いということはありますが、紹介状はなくても受診できるわけです。こうした状況をもう少し厳格にしていかないと、いざというときに高度な医療を提供できる病院が機能できなくなる状況に陥ってしまいます。

松本　医療従事者側から言うと、いろいろな症状の人がいっぺんに来るよりも、本当にその病院の持っている特殊な医療技術あるいは専門医師に適した患者が来てくれると一番いいわけですね。

平野　地域医療として諸外国のようにホームドクターがいて、中堅の病院があり、さらに高度医療が提供できるシステムが望ましいと言えます。日本でも、例えば救急医療はそういうシステムになっ

ています。第一次救急、第二次救急、第三次救急があり、患者が出たときには救急車が判断して、症状のレベルに応じた病院に搬送されるわけです。第一次救急で手に負えなかったら、第二次、第三次と高度の医療機関に回すシステムができています。

これからの高齢化社会では、地域医療が非常に重要です。また、多くの皆さんは自宅で最期を迎えたいという気持ちを持っています。そのときに頼りになるのは地域医療であり、ホームドクターです。しかし、日本ではまだ訪問医療のできるシステムが完全ではありません。以前は、世代を超えて三世代ぐらいが同居していましたが、現在進んでいる核家族化でも、地域医療がしっかりしていれば、自宅で最期をみとることができるようになります。

■医学は「患者を助ける」が根底

松本　国民の一人ひとりが安心していられる日本の医療を支えている医学者は、医者であると同時に研究に携わっています。両立をしなくてはならない現状の大学病院のシステムをどう感じていますか。

平野　本来の医学は臨床医学も基礎医学もなく、シームレスだと思っています。今回の新型コロナウイルス感染症への対応でも、それぞれの大学病院は、それぞれの事情に応じてよく対応したと思います。大阪大学医学部附属病院も率先して、病院長のリーダーシップで集中治療室の半分を一定期間コロナ患者専門に充てるといった思い切った対応を取りました。その結果、通常のがんや心臓手術などが遅れることはありましたが、適切な判断の下で新型コロナウイルスについて十分な対応ができたと思います。

医者になる人は、患者を助けることが根底にあります。ですから、基礎の研究者でも、大学病院で臨床をしながら研究をしている先生であっても、いざというときには今回の新型コロナウイルスのように患者さんの治療により多くの時間をあてました。また、阪神大震災の際には基礎医学の人でも現場に入って病人を診るといった柔軟に対応する気風が、日本の医学コミュニティーにはあります。

松本　医者になるには、ある種の決意がいると思います。患者さんという相手がいるわけで、患者が飛び込んできたら断れません。自分の生活はどうしても制約を受けます。

平野　医者は自分のためでなく、他人のためにあります。江戸時代後期に適塾（大阪大学の前身）を開いた医師・蘭学者の緒方洪庵《おがたこうあん》（1810～1863年）や、古代ギリシャの医者であるヒポクラテスの教えにもあります。緒方洪庵は「人の為に生活して己が為に生活せざるを医の主務とす」「病者に対しては唯病者を見るべし。貴賤貧富を顧ることなかれ」と言っています。

私は現在、大阪大学の一年生に医学序説の講義をしていますが、「医者にとっては目の前の患者さんは多数の患者さんの一人（ワンノブゼム：One of them）だが、患者さんから見れば医者は全てであり、そのことを忘れないように」と、よく言っています。医者はプロですから、目の前の患者さんに感情移入して家族みたいに接してはダメで、やはりワンノブゼムなのです。しかし、患者さんは、医者であるあなたを全てだと思ってるということは絶対に忘れず、プロとして常に最新の知識や技術を習得するとともに、誠心誠意、診療に当たらなくてはならないということです。

松本　先生は免疫や炎症反応において必要な役割を果たすインターロイキン6の発見でノーベル賞候補と言われていますが、長年医療に携わってこられて、今何を感じておられますか。

平野　新型コロナウイルスが、これからの人類の在り方に語りかけていると思います。新型コロナウイルスは、学問や科学技術、芸術、スポーツと同じように、国などの多様性の壁を乗り越える「人類共通言語」と言えます。それぞれの国が壁をつくり、自分の国さえよければいいと言っていたら、絶対に新型コロナウイルスには勝てません。環境破壊や温暖化と同じように、地球全体の問題ですから、世界が協調しなくては乗り越えられません。新型コロナウイルスは「地球市民の自覚」を促しており、それが最大のメッセージです。

（2023年7月）

平野氏(右)と。

第4章

環境・エネルギー

再生可能エネルギーの行方

古川 一夫

Furukawa Kazuo

新エネルギー・産業技術総合開発機構(NEDO)理事長

■Profile

ふるかわ・かずお/1946年生まれ、東京都出身。1971年東京大学大学院(電気)修士課程修了、同年日立製作所入社。同社情報・通信グループ長、常務、専務などを経て、2006年代表執行役社長。その後、特別顧問などを経て、2011年新エネルギー・産業技術総合開発機構理事長に就任。

エネルギーの三つの課題は、「電力コスト」「セキュリティー」「環境」

松本　東日本大震災を教訓に、日本のエネルギー政策は見直しを迫られ、エネルギーミックスの考え方が以前に増して重要視されています。中でも再生可能エネルギーに期待が高まっていますが、再生可能エネルギーについてはコストのほか、規制や環境などクリアしなければならない課題を抱えています。

古川　エネルギーについては、三つの課題があります。一つは発電コストをはじめとする電力コストの問題、二つ目はエネルギー・セキュリティーの問題、三つ目が環境に与える負荷の問題です。それら三つの課題を踏まえながら、総合的に対応を考えていかなければいけません。東日本大震災を経てエネルギーの多様性が必要と言われる中で脚光が当たっている再生可能エネルギーは、短期的に見ても長期的に見ても、正しい流れです。再生可能エネルギーは、いろいろ定義はありますが、とにかく再生可能エネルギーを利用する構想を増やしていかなければいけません。

松本　エネルギー政策は国家戦略が重要で、小規模・大規模、短期・長期、それから分散・集中という6次元の解析をしてほしいと思います。日本は、地熱を含めて、水力、風力等々、自然エネルギーは結構ありますが、資源に乏しい国です。そこに原子力政策が導入されたバックグラウンドがありましたが、その原子力政策も超長期的に見ると、最終的な放射性廃棄物の処理をどうするかという問題はまだ解決していません。

そういう意味では、再生可能エネルギーは、地球が維持できる限り再生できるシステムになっていますから、期待は大きいと思います。ただ、問題なのは、エネルギーと言ったときに、ほとんどの人は電力をイメージしますが、エネルギーは電力だけではないということです。内燃機関もあり、生活に必要な小さなエネルギーもあります。そういったものを含めて、国としてエネルギー政策をどう進めるかを考えてもらいたいです。

活用できる自然のエネルギーはまだまだある

古川　長期的に見て、サステナブルな地球という視点で考えたときには、周辺にあり活用できる自然のエネルギーはまだまだあります。電源としても、燃料としても、再生可能エネルギーの可能性は非常に高いと思います。

風力発電は陸上では適地が少なくなってきていますので、導入拡大できる選択肢として洋上風力発電の実用化が有望になっています。新エネルギー・産業技術総合開発機構（ＮＥＤＯ）では昨年（２０１２年）、千葉県銚子沖と福岡県北九州沖に、２メガワットクラスの洋上風力発電をつくりました。また、風力発電の課題になっている発電コストを下げるために、世界に先駆けて７メガワットでローター径が１６７メートルの超大型風力発電システムの実用化を目指しています。

太陽光発電に関しては、効率を上げれば発電コストの低減につながります。そこでＮＥＤＯでは効率を上げるため、さまざまなパネルを開発しています。また、太陽電池単体だけではなくシステムとしてコストを下げる取り組みも進めています。海外のパネルメーカーの攻勢に遭い苦戦はしていますが、まだまだ太陽光パネルは戦っていけます。

　加えて、制度的に買い取り頼みの再生可能エネルギーではダメです。とにかく、自然体で既存の電力と勝負ができるようにしなくてはなりません。ＮＥＤＯでは、例えば、太陽光発電で２０３０年に「グリッドパリティ」と呼ばれる既存の電力コストと同じにする目標を掲げています。今（２０１３年時点）はキロワットアワー当たり30円弱ですが、２０２０年には15円〜14円にし、最終的に７円にする計画です。デバイス開発を含め時間がかかるのは分かりますが、２０３０年ではちょっと遅すぎるということで、少しでも前倒したいと思っています。

島根県江津市の浅利海岸に設置された11基の風力発電用風車。

スマートコミュニティーのキーコンポーネントは蓄電技術

松本　エネルギーは発電の一方で、蓄電の問題があります。電気は、発電しても使わないでためておくことが絶対必要です。蓄電は自動車に限らず、昼夜間の電力需要の違いに応えるためにも欠かせません。

古川　キーコンポーネントとなる蓄電池は、開発とともに蓄電池のつなぎ方や連系をどうしていくかも重要です。太陽光にしても風力にしても、極めて気ままな電源で、コントロールできない自然現象です。それをどうコントロールするかというと、やはり電気を蓄電池にためておくしかありません。これからのスマートグリッド、スマートコミュニティーの本質的な技術になる蓄電技術について、国内だけでなく世界数カ所で、どういう状況のときにどうしたら最適になるかといった実証を行っています。

さらに、大きな蓄電池と小さな蓄電池が分散しているエネルギーネットワークの中では、いわゆるインターネット的な形でエネルギーのやり取りができます。情報通信のように簡単ではないですが、アナロジー的には可能性はかなりあります。そういう意味で、日本としてもエネルギーと情報通信の融合によって新しいイノベーションを世界各国に先駆けて実現できるのではないかと思っています。

松本　蓄電技術も、発電と同じで大規模型蓄電技術と分散型蓄電技術があります。一つの考え方として、各家庭に蓄電池を置き、家庭間の要求のバランスをスマートグリッドで制御する分散型蓄電技術の一方、揚水で上げたり下げたりする大型の集中型蓄電装置も考えないといけません。ところが日本の場合は、水力電源はほとんど開発がし尽くされ、大規模のダムはほとんどいっぱいになっています。次はどこを使うかというと、海があります。あくまで私見ですが、海の中に200立方メートルくらいの穴を掘り、そこにドッと海水が入ってきたときに発電するという考えです。揚水発電の逆で、水を余剰電力でくみ出せば、かなり大規模な蓄電装置ができると思います。

古川　確かに蓄電技術にはいろいろなアイデアがあります。一番分かりやすいのは、揚水発電ですが、最近、新設は自然破壊になるということで、適地はあるのですが、なかなか実現が難しい状況になっています。太陽熱発電などでは、溶融塩を使ってエネルギーをためておくという考えもあり、いろいろな解はありますが、陸上がダメなら、海をどう活用するかという考えはあります。

松本　超長期に見て、陸上から洋上へ、そして、洋上がいっぱいになってくると、次は空です。私は宇宙に発電所をつくろうという研究をしてきましたが、地球規模でエネルギーが不足することを考えると、蓄電の技術が確立すれば、火星や月で発電したエネルギーを地球に持って帰るという考え方もできます。当面、つなぎで地球周辺軌道に発電所をつくり、地球上で必要なエネルギーを賄う宇宙太陽発電（ＳＰＳ）が考えられます。しかし、これはどちらかというとバックアップです。例えば、原子力発電所で事故が起こり、１００万キロワットクラスのエネルギーが足りなくなったときに、エネルギーを地球に送れるＳＰＳは役に立ちます。

（２０１３年10月）

カーボンニュートラル実現の課題

石村 和彦
Ishimura Kazuhiko

産業技術総合研究所 理事長
AGC株式会社 元会長

■Profile

いしむら・かずひこ／1954年生まれ、兵庫県出身。1979年東京大学大学院工学系研究科産業機械工学専攻修士課程修了、同年旭硝子（現AGC）入社。上席執行役員エレクトロニクス＆エネルギー事業本部長などを経て、2008年代表取締役兼社長、2018年取締役兼会長、2020年取締役。同年産業技術総合研究所理事長に就任。経済同友会副代表幹事などを務める。ベルギー王国王冠勲章コマンドール章受章。

■「絶対値」でCO_2をどれだけ減らすか

松本　菅義偉首相が2020年10月、日本政府として初めて2050年までに日本の温室効果ガス排出量を全体としてゼロにするカーボンニュートラルを目指すと表明しました。これをきっかけに、企業を中心に二酸化炭素（CO_2）を減らす取り組みが広がっていますが、カーボンニュートラル社会に向けて産学官の連携がより必要になっています。

石村　今（2021年時点）までは、企業の場合、「絶対値」でCO_2をどれだけ減らせるか確信が持てなかったので、製品をつくるときに出るCO_2と、つくった製品によってどれだけCO_2をセーブできるかを考えましたが、現在は「絶対値」が目標になっています。しかも、2050年までに、温室効果ガスの排出を全体としてゼロにすることが各企業に求められています。そこまで世の中のCO_2削減に対する認識は変わってきているのです。

今は、グリーンファンドなどを含め、環境に配慮しない会社には投資しない傾向にあり、経済的なプレッシャーもあって、各企業がカーボンニュートラルの方向に進んでいるのは確かです。

松本　エネルギーを使わないと製品がつくれないことは明らかですから、カーボンニュートラルを実現するには、CO_2を出さないようにどうやってエネルギーを獲得するかという問題に行きつきます。

■ CO_2排出ゼロに必要な見えている技術＋実用化されるだろう技術

石村　産業技術総合研究所（産総研）で、将来のエネルギーについてシミュレーションしていますが、以前の政府目標は2050年までにCO_2排出量を80％削減するということでした。その結果、全体で80％の削減であっても、発電はほとんどゼロエミッションに変えていかなければならず、再生可能エネルギーや原子力エネルギーを中心にして、発電部門からのCO_2排出を限りなくゼロに近づけていくことが必要になってきます。

しかし、今や2050年のCO_2排出はゼロにしなくてはいけません。そのためには、ゼロにするための技術開発を進めるか、もしくはネガティブエミッションという形で、出たCO_2を何らかの形でキャッチして回収する技術を開発する必要があります。

先ほどお話したシミュレーションから、2050年にゼロにするために、今見えている技術、加えて今実用化されていなくても将来的に実用化されるだろう技術を全部入れ込んでみても、相当の部分を空気中のCO_2を回収して何らかの形にしていく技術に頼らざるを得ないという示唆が得られます。

ですが、例えば、DAC（Direct Air Capture：直接空気回収技術）と言われている技術だけでCO_2を回収して貯留する場合、CO_2を回収するためだけに東京から青森まで大きなファンを並べるような巨大なプラントが必要になると試算され、はっきり言って非現実的です。結局はそれ以外のイノベーションがないと、2050年に現実的にCO_2排出をゼロにするのは難しいのが現状です。

松本　イノベーションは、技術革新に伴う社会変革です。個々の小さな技術はそれぞれの受け持つ企業が考えることになりますが、やはり全体像は政府が国として示す必要があります。「発電をどうするか」「輸送をどうするか」「化石燃料を使わざるを得ないような産業において代替エネルギー源をどうするか」など、考えれば考えるほど難しい問題ですが、逆に言えばチャレンジしがいがあると思うのです。

石村　産総研では、顕在化している社会課題の一つとして環境・エネルギーについても、時間がかかるような基礎研究は、大学や理化学研究所などの研究機関とオープンイノベーションで、コラボレーションしながら取り組んでいきます。そして、出口に近い研究は企業と協力し、最後は企業の製品やサービスとして社会に出して、社会課題の解決につなげています。

未来のエネルギーとして今、産総研で取り組んでいる研究で、本当に実現できればいいと思っている研究があります。新エネルギー・産業技術総合開発機構（ＮＥＤＯ）のプロジェクトチームで行っている、メタンの熱分解によって水素と炭素をつくる研究です。CH_4であるメタンを酸素で燃やせばCO_2とH_2Oになり、エネルギーも出ます。

これはメタンを燃焼させる普通の反応ですから、CO_2が出てしまいますが、そのメタンの反応としてCH_4を$C+2H_2$に分解することを考えています。この反応だとCO_2の固定もいらずに、しかも水素が出てきます。プロセスが非常にユニークでトリッキーですが、とても面白い研究と思っています。

（２０２１年４月）

海の豊かさを守る

松永 是
Matsunaga Tadashi
海洋研究開発機構(JAMSTEC)理事長

■Profile

まつなが・ただし／1949年生まれ、千葉県出身。1979年東京工業大学大学院総合理工学部研究科電子化学専攻博士課程修了、工学博士。1980年東京工業大学資源化学研究所助手、1982年東京農工大学工学部助教授の後、工学部教授、工学部長、理事・副学長を経て、2011年学長。2017年早稲田大学理工学術院上級研究員／研究院教授、2019年海洋研究開発機構理事長に就任。2020年から国立研究開発法人協議会副会長を務める。

■期待される生命の起源や地震のメカニズムの解明

松本　ＳＤＧｓ（持続可能な開発目標）に、「海の豊かさを守ろう」とうたわれていますが、人類と海の関わりは切っても切れないものです。海は生命体の発祥の地と言われることもありますし、実際に、微生物から大型生物に至るまで、多様な生き物が生息しています。人間生活との関わりで言いますと、食料を得る場というだけではなく、人間や生物の祖先、生命の起源を研究する場でもあります。しかし、資源があり、ミネラル、食料も豊富な海が、人の活動によって海洋汚染や水産資源の乱獲などが進み、生態系のバランスが失われています

松永　海底の熱水鉱床と言われるところで、硫化水素が出ている周りに生命圏があります。我々の生きている地表は、太陽エネルギーの届く世界で、太陽エネルギー、光合成、それに伴って発生する酸素で全ての物質が循環しています。例えば、人間を含めて動物は、植物が太陽エネルギーを得てつくり出した酸素を吸収しています。それが地表の物質循環ですが、海底の熱水鉱床では、硫化水素が太陽エネルギーの代わりに化学エネルギーとして使われています。その硫化水素をエネルギー源とする微生物がいて、その微生物を食べる大きな生物がいます。

そこで、海洋研究開発機構（ＪＡＭＳＴＥＣ）では有人潜水調査船「しんかい」を使って熱水鉱床のある海底まで潜って、「そこにどんな生命がいるのか」「生命の起源がどうなっているか」を探査しています。その結果、世界のサイエンス・コミュニティーでも注目された「アーキア」という動物や人間の細胞のもとになるような微生物を見つけました。まさに、生命の進化に関してヒント

となるような微生物です。その後、我々は熱水鉱床の周りだけなく、海底を掘削し、その中に微生物を見つけました。最近は生命の起源に関係するような微生物の発見があり、世界中で注目されています。

松本　海底と言うと、国民が興味を持つのは南海トラフ地震です。ＪＡＭＳＴＥＣは海という媒体を通して、いろいろな機関とコラボレーションして地震の解明に努めています。

松永　いわゆるプレートがぶつかっているところが日本の沖にあり、その地点で地殻が動いたことが過去の地震の原因になっています。そこで「地殻がどうなっているのか」「地殻が滑っている状態がどうなっているか」を海の底に地震計などを設置して調べています。例えば防災科学技術研究所（防災科研）と共同で、我々が基礎的な研究をして、防災科研はそのデータを使って、自治体などの防災につなげる取り組みをしています。将来どのような地震や津波の可能性があり、「それぞれの地域がどのように備えていくか」「住民はどのような意識を持たなくてはいけないか」など、地震は社会生活にとって本当に大きな問題です。

地震の仕組みを調べていくため、ＪＡＭＳＴＥＣの一番大きな船である地球深部探査船「ちきゅう」で海底を掘削するとともに、海底に設置した地震計などを使い、海底の変化を見ています。地球の将来の命運を予測しなくてはいけない非常に重要な研究です。例えば、南洋トラフ地震を主要な対象にして、紀伊半島や四国沖の海底にセンサーを設置し、海底の変化を24時間監視しています。平均水深が３８００メートルとされる深海は超高圧の過酷な環境で、その探査には宇宙開発に引けを取らない高度な技術やノウハウを必要とします。

サステナブルな海を実現する

松本　ＪＡＭＳＴＥＣは地球温暖化の影響が出ている北極海を調査するため、砕氷船、いわゆる砕氷機能のある船をつくる計画を進めているようですが。

松永　今まで北極に行く船では海洋地球研究船「みらい」があり、北極の近くで研究してきましたが、残念ながら「みらい」には砕氷機能がありませんでした。北極でもさまざまな研究をするためには、どうしても砕氷機能が必要だということで、２０２１年の８月に北極域研究船の建造契約が締結されました。出来上がるまでには5年くらいかかります。

松本　北極海は、ちょうど太平洋と大西洋をつなぐ領域です。資源や航路（水路）、北極海の下にある特殊な生命形態などを含め、研究対象としては非常に重要です。

松永　北極域研究船に期待されるのは、地球の環境がどう変化しているかを正確に捉えて、持続可能な発展ができるような地球を考えるための事実を見つけ出すことです。現在起こっている事象を、過大評価もしないし過小評価もしないで、科学的な事実として正確に国民の皆さんに伝える使命があり、ある意味で人類の未来に関して責任を負っていると思っています。

（２０２１年10月）

地球環境に影響を及ぼす水問題

沖 大幹
Oki Taikan
東京大学 教授
水文学者

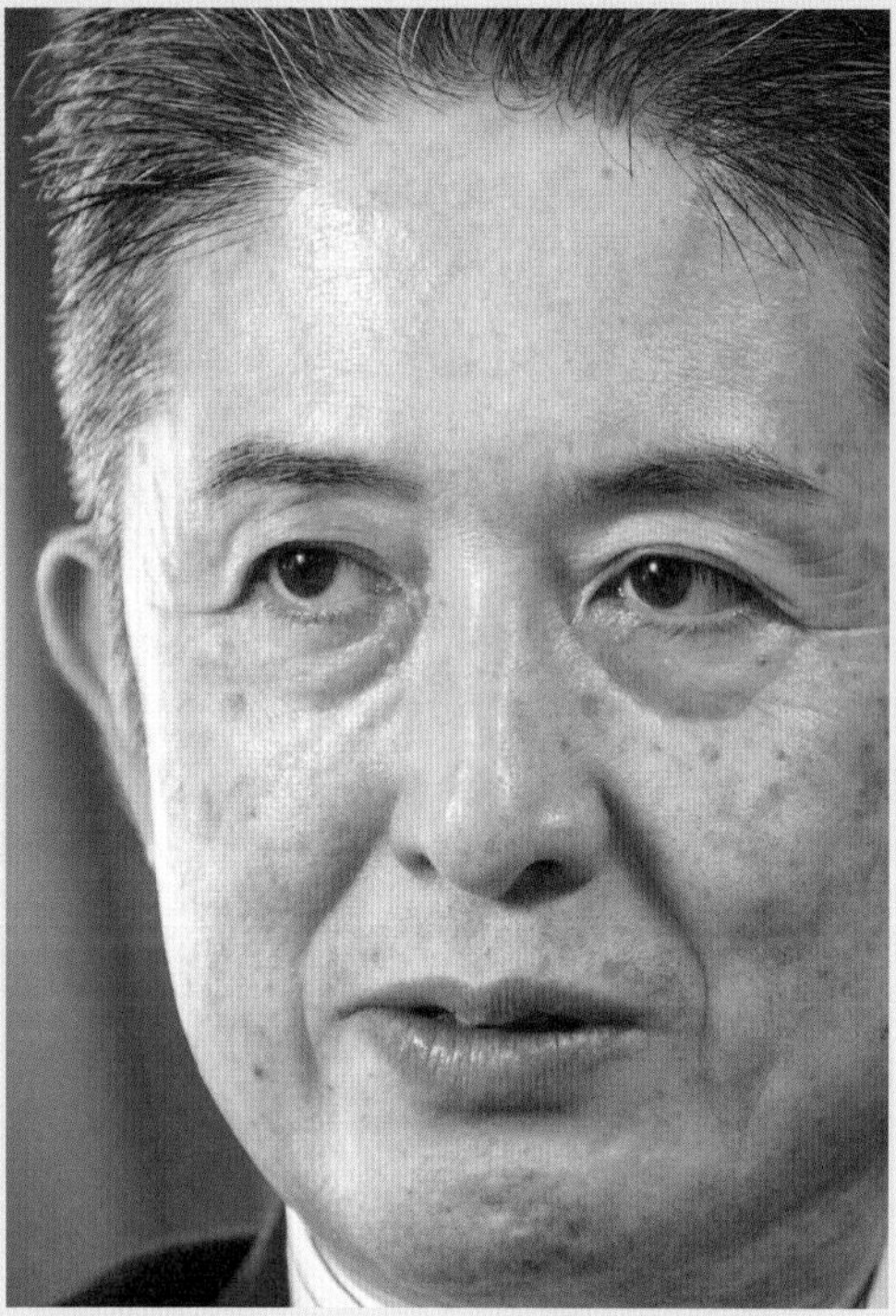

■Profile

おき・たいかん／1964年生まれ、東京都出身。1989年東京大学大学院工学系研究科修了、1993年工学博士。東京大学助手、講師、生産技術研究所教授などを経て、2017年総長特別参与、2020年大学院工学系研究科社会基盤学専攻教授。2016年から2021年に国連大学上級副学長、国際連合事務次長補を兼務。気候変動に関する政府間パネル(IPCC)第5次評価報告書統括執筆責任者、国土審議会委員などを務めた。水文・水資源学会会長。気象予報士。生態学琵琶湖賞、日経地球環境技術賞、日本学士院学術奨励賞などを受賞。著書に「水の未来」(岩波新書)、「水危機 ほんとうの話」(新潮選書)、「水の世界地図第2版」(監訳、丸善出版)などがある。

気候変動で水循環のパターンが変わる

松本　地球環境の悪化が深刻になっていますが、その中で水質汚染や気候変動に伴う河川洪水の増加など水問題が大きく関わっています。洪水対策の観点からも、雨の予測がより重要になっています。

沖　雨が降ってから洪水として流出するまでに時間の遅れが若干あるため、雨の観測・予測の精度が良くなると、洪水予測の精度も上がって効率的に避難でき、被害を減らせます。さらに、雨の観測・予測や洪水流量の予測精度の向上に加えて、昨今では、流域治水と言って、洪水になったときにはこの箇所で計画的にあふれさせるとか、どうしても危険で守り切れない地域の人たちは集団移転させるというところまで、都市計画と一緒に水害対策の計画立案をしています。

ところが、こうした治水事業は平時には関係がない話なので、後回しにされがちです。きちんと対策を取っていないと膨大な経済損失を被る可能性を秘めています。

私は、地表面のエネルギー水収支と河道流下シミュレーションを組み合わせ、世界各地で河川がどんなふうに季節変化しつつ流れているのかという大陸規模の研究をしています。日本の水文学《すいもんがく》では、昔は淀川や利根川など日本の河川を対象にしていましたが、今、私はアマゾン川など世界の陸地全域をシミュレーションしています。

ただし、河川の流量のデータは、軍事機密だった時代が長くありました。ウクライナへのロシアの侵攻を見ていても分かりますが、戦車が通れるかどうか、橋がなくても川を渡れるかどうかということを含めて、機微な情報なのです。しかし、米ソの冷戦が終わって、世界的に地球全体の水の循環を知ることが大切だという状況になり、河川の流量データが多少は開示共有されるようになっています。

松本　最近は日本でも毎年のように深刻な水害が生じ、被害が広がっています。

沖　水害被害を減らすためには、できるだけ細かい時間・空間分解能による観測と予測が重要です。しかも、気候変動によって降水のパターンが変わり、これまでの経験をはるかに超える大量の雨が短時間で降るなど、水循環のパターンが大きく変化しています。昔は堤防に挟まれた川の中の流水の増減がもっぱらシミュレーションの対象だったのですが、今は氾濫《はんらん》した水がどこまで広がり、どの程度の高さまで浸水するかというところまできちんとシミュレートできるようになってきました。

早期警戒警報体制の強化や土地計画だけではなく社会基盤整備も適応策として重要である（大分県竹田市の白水ダム、2007年8月）。

今（2022年時点）、人工衛星から川の水面の変化を知る研究を若い仲間としていますが、高度計で水面の高さが測れるようになり、世界中の大陸河川の流量を日本にいながらにして推定できるようになりつつあります。だいぶ精度が良くなってきて、地球の水循環を観測しシミュレーションをしていると、人間の影響がグローバルにも検出されます。今は、ダム貯水池がある場合には、人為的な貯水池操作もシミュレーションに入れて、現実の水循環をシミュレートするように発想の転換をしています。灌漑《かんがい》取水や地下水くみ上げも考慮された数値シミュレーションであり、先進的な試みだったと思っています。

河川の水をコントロールするには川幅を広げる

松本　水害に対する減災力という観点では、川や堤防、その周りの住環境といったものも関係します。水循環の中で、何が一番難しい問題点ですか。

沖　堤防の高さといった、極めてローカルな治水対策の状況が分からない点が問題です。日本国内については国土交通省が取得したデジタルデータがあるのですが、世界各国がどの程度対策しているのかが分からないと、気候変動で洪水の頻度が上がって被害が増えるだろうといった推定をする際、現実的なものになりません。実際は、堤防があったり、遊水池があって、治水しているはずなのですが、その情報が現実と離れていると、現状は再現ができませんし、将来予測も実態を反映できません。そのため、「堤防などでどんな防災システムを構築しているのか」という情報をいかに効率良く収集するかという研究も進めています。

川の水をコントロールする一つの考えとして、川幅を広げる方法があります。堤防をどんどん高くするとかえってリスクが高まる場合もあり、最近は世界的にも行き過ぎが反省されています。ですから、川幅を広く取るのが重要です。日本では開発が進んでいて拡幅は難しいと判断される場合が多いのですが、今すぐは無理だとしても、人口は徐々に減るわけですから、「50年経ったらここまで川幅を広げよう」「100年経ったらここまで川にしよう」というように、計画を立てればいいのではないかと思っています。

堤防の一部を切り下げて、別途堤防で囲んだ遊水地に洪水を貯留する手法も取られています。川の水位がある程度上がると遊水地に流れ込むように川の堤防を切り下げておきます。昔は、用地を買収できた場合もありましたが、最近は耕作権や地役権《ちえき》は農家が持ったままにして、普段は田畑として使い、いざとなった際にはあふれた水を受け入れ、その場合も補償はしないというような契約が多いようです。

また、洪水の際には水と一緒に流れる土砂をできるだけ遊水地に入れないようにする工夫が大事になります。上流側から濁流がそのまま入るのではなく、下流からゆっくり入るようにして、入り口に土砂が集積するようにするなど、細かい技術の工夫がされています。

■水不足問題には「バーチャル・ウォーター貿易」の考え方

松本　水があふれて困るという一方、世界的には水が足りなくて困る状況があります。

沖　飲み水も含め、世界ではどちらかというと水が足りない方が大問題で、社会的な関心も高い状況です。水の利用の大半は食料生産で、世界的には約7割を占めています。飲み水で困るのは最後の問題で、とにかく水がないと食料がつくれません。食料は運べますが、水は1立方メートル、約1トン当たり水道水で約200円ですので、費用の面からパイプライン以外での水の輸送には経済合理性がありません。ですから、水がない地域に水を運んで食料をつくるよりは、水がある地域で食料をつくって運んだ方が合理的なのです。中近東など、水はないがお金はある国は食料を輸入しています。それはあたかも水を輸入しているのと一緒なので、「バーチャル・ウォーター貿易」と言っています。

松本　水は人間にとって「命のインフラ」と言われるほど、日常生活で非常に重要です。海水を利用する方法はどうですか。

沖　海水淡水化はできますが、大規模化を図ってコストダウンしても1トン当たり約1ドルから2ドルくらいかかります。ですから、海水淡水化した水を、水道水や、高く売れる野菜や果物の灌漑用に使うのはいいのですが、お風呂やシャワーの水、小麦やトウモロコシをつくる農業用の水に使ったりするのは現実的ではありません。実際に飲み水や生活用水などは、すでに海水淡水化で賄えており、アラブ首長国連邦やヨルダン、イスラエルでも実施しています。ところが農業用水は難しいので、水が不足している地域では食料を輸入した方がいいというのが世界の状況です。

（2022年10月）

脱炭素社会に向けて

高村　ゆかり　Takamura Yukari

東京大学未来ビジョン研究センター　教授

■Profile

たかむら・ゆかり／島根県出身。1989年京都大学法学部卒、1992年一橋大学大学院法学研究科博士課程修了。専門は国際法学・環境法学。龍谷大学教授、名古屋大学大学院教授、東京大学サステイナビリティ学連携研究機構（IR3S）教授などを経て、2019年東京大学未来ビジョン研究センター教授。主な研究テーマは、国際環境条約に関する法的問題、機構変動とエネルギーに関する法政策など。第25期日本学術会議副会長、中央環境審議会会長などを務める。編著書に「気候変動政策のダイナミズム」（岩波書店）、「気候変動と国際協調」（慈学社出版）などがある。

気候変動対策のキーワードの一つは「投資」

松本　地球温暖化が急速に進み、二酸化炭素（CO_2）の排出を実質ゼロにする脱炭素は緊急の課題です。工業化が進むとどうしても炭素を使いますが、温室効果ガスを減らしたいという希望はみんな共通して持っています。無駄な炭素を使わない、できるだけエネルギーを使わずにCO_2を出さないようにしようという意思は統一されているように思います。

高村　今、国際的には、工業化前と比べて気温の上昇を1・5℃までに抑えるという「1・5℃目標」を掲げて取り組みを進めています。

世界の平均気温はすでに1・1℃上昇していますが、異常気象をはじめ、氷河の後退や海面上昇などの変化がかつてない規模とスピードで進んでいます。これからわずかでも気温が上昇すれば、こうした気候の変化はさらに大きくなると予想されています。「1・5℃目標」を目指すのであれば、2050年までに温室効果ガスの排出量を実質ゼロにする「カーボンニュートラル」を達成するだけでなく、直ちにできる限り排出量を減らすことが不可欠です。今（2023年時点）から10年ほどの取り組みが将来の気候変動の影響と社会の在り方を決める、「決定的な10年」です。

脱炭素の実現に向けて取り組まなくてはいけない方向は二つあります。一つは、CO_2の排出をできるだけ減らしていくことです。エネルギーに関しては、CO_2を排出しない技術はありますので、それをどれぐらい使っていけるかです。もう一つは、エネルギーそのものをできるだけ使わないようにするという、需要の縮減・抑制やエネルギー効率の向上です。実際に足元でできることがかなりあり、しかも手付かずのものがたくさんあります。これをしっかりやっていくことが重要です。

松本 炭素をまったく出さないエネルギー源を大量に確保するのは難しいですが、炭素を出さないエネルギーはあります。そういう研究をサポートしないといけませんし、研究費を投入しないと企業も動きません。脱炭素に向けて科学技術でできることは全部やらないといけませんが、そのわりには研究に対する投資が小さいことが問題です。

高村 気候変動対策に関する研究を含め、気候科学の研究成果を取りまとめて発表するＩＰＣＣ（気候変動に関する政府間パネル）の一番新しい統合報告書でも、「投資」がキーワードの一つになっています。例えば、省エネルギー技術や再生可能エネルギーといった排出を減らす技術を社会に広く普及・展開することや、新しい技術の開発に向かうお金が足りていないことを指摘しています。

中でも、エネルギーの技術開発を始める企業、いわゆるスタートアップ企業ではなかなか資金を得られません。それでも、気候変動関連の技術開発への起業に対しては、資金面の支援を始めた企業や金融機関も出てきています。

■金融市場の評価に結び付く「カーボンニュートラル」行動

松本 国が出した「２０５０年までに温室効果ガスの排出を実質ゼロにする」の方針を受け、カーボンニュートラルに向け、企業の動きも大きく変わっています。

高村　企業の行動が変わった理由としては「1・5℃目標」の設定がありますが、「環境や人権といった社会課題＝サステナビリティ」に関わる企業の取り組みが、情報開示などを通じて、金融市場の評価に結び付くようになってきていることが大きいと思います。自らカーボンニュートラルを目標に掲げる金融機関が、投資、融資している企業・団体に対して、意欲的に排出量をゼロにする取り組みを行うよう働きかけ

高村氏(右)と、ウェスティン都ホテル京都。

てきています。そうすると当然、投融資している企業で開発されている技術、あるいは研究されている技術の評価が必要になりますので、金融機関が技術の有望性や見通しを考え、エネルギーを研究する人たちを雇い始めています。

金融市場の評価は、企業価値や株価に反映します。その結果、株主が企業に対して、脱炭素に向けた取り組みを要請する動きも出てきています。

松本　ですが、一般市民には、地球温暖化の深刻さがまだまだ伝わっていないような気がします。

高村　各国別の気候変動に対する認識調査があります。「気候変動が脅威かどうか」というアンケートを行うと、やはり発展途上国は非常に高い数字が出ますが、日本は先進国の中で一番低い数字になっています。市民の皆さんは、今年は「非常に多くの雨が降った」「高い気温を記録した」といった気候の変化は経験的に感じても、それが気候変動の問題となかなか結び付いていません。

市民の皆さんに気候変動の問題を広く理解してもらうという点では、私が携わっている地球環境や気候変動の分野を中心にした法律や政策は、地球温暖化を解決するために機能を発揮し効果を上げてこそ、その役割を果たすことができます。

気候変動対策において国際的に合意をつくっていく上で、実際にいろいろなチャネル（経路）を通じて社会に大きなインパクトを与えていく必要があります。そういう点では、条約や国際文書をつくっていく過程で、研究の成果を入れ込んで交渉を後押し、社会の課題解決に貢献したいと思っています。

（2023年10月）

第5章 教育

グローバル時代の人材

安西 祐一郎
Anzai Yuichiro

日本学術振興会 理事長
慶應義塾 学事顧問

■Profile

あんざい・ゆういちろう／1946年生まれ、東京都出身。1974年慶應義塾大学大学院博士課程修了。米国カーネギーメロン大学客員助教授、北海道大学文学部助教授、慶應義塾大学理工学部教授を経て、1993年～2001年同理工学部長、2001～2009年慶應義塾長。文部科学省中央教育審議会大学分科会長、学びのイノベーション推進協議会座長、宇宙開発戦略専門調査会委員などを歴任。「心と脳」(岩波新書)、「『デジタル脳』が日本を救う」(講談社)、「教育が日本をひらく」(慶應義塾大学出版会)など著書も多数。専攻は認知科学、情報科学。

大事なのはコミュニケーション力と知識、経験のバランス

松本　日本人が専門家として国際会議などに出席する機会が増えていますが、自分の専門分野に関しては話ができて当たり前ですが、それ以上の話をできることがその人の価値や国の価値を示すのだろうと思います。そのためには、幅の広い知識を持ったリーダーや、グローバル人材を育てなくてはなりません。

安西　企業が求めているグローバル人材を含め、その言葉は多義的ですが、大きな意味でグローバル人材のイメージは、相手の気持ちが分かり、そして自分の主張も言える人でしょうか。自分の体験と知識を本当に自分の血肉にしているかどうか、日本の文化とか歴史を自分のものとしているかどうかが、結局人間としての力になります。

それに、グローバル時代に活躍するには、コミュニケーションと知識、経験のバランスがとれていることが大事です。そのためには、自分の言葉で話ができ、語りかけることができることがとても大切になります。

松本　私のイメージしているグローバル人材は、海外の方々といろいろな話をするときに、その地域の特性を十分に理解し、同時に日本人の持っているカルチャー、思想に自信を持ちながら対応できる人です。今、そういう人材が求められる時代に入っています。

安西　日本のグローバル企業から言われているのは、M&A（企業の合併・買収）によって取得した企業のマネジャーになれる日本人が不足しているということです。日本人をマネジャーにしたくても、どうしても外国の人を使わざるを得ないのが現状のようです。生活力があって、マネジメントの力があって、いろいろな想定外のことにも対応でき、もちろん基礎知識、語学力もあって、志もある人材が求められています。そういう人たちを大学はどうやって育てられるかが、大学教育の課題です。

産学の連携によって、企業が望むグローバル人材を育てる

松本　企業は大学に対して、コミュニケーションができ、自信を持ってものが言えて、新しいことにチャレンジでき、イノベーティブに物事を進められる人を育ててほしいと望んでいます。

国際会議など国際交流の場が多くなっている。国際舞台で活躍するには、自分の言葉で話ができ、語りかけることが大事になる。

ところが大学の実態は、学部までは教養を教え込んで、基礎専門科目と専門科目を学び、研究の演習をするシステムになっています。そして大学院では、その研究の重みが増えて、さらにドクターコースまでいくと、専門が深くかつ細かくなっていきます。

安西　私は慶應義塾大学の理工学部長と研究科長をしていた1993年〜2000年当時、7〜8年かけて、学部と大学院を改組しました。その時の考え方は、学部で専門の基礎をきちんと身に付けることでした。大学院はそれまで専攻が10以上あったのですが、それを基礎理工学、総合デザイン工学、開放環境科学の3専攻にまとめました。そして、教員が研究室を超え、自分の分野を超えてカリキュラムをつくるように変えました。

まず大学の基礎である学部を変えて、学部にきちんとしたカリキュラムを置きました。特に技術系の場合は、しっかりと専門の基礎を身に付けられるようにしたわけです。その上で、大学院改革をしました。

松本　それは大変先進的だと思います。今は教員の身分は大学院が本籍になっていますが、本籍を学部へ移して、学部教育ではしっかり基礎を教育して、研究については大学院がフレキシブルに変われるようなシステムにした方がいいと思っています。

グローバル時代に活躍できる創造性の豊かな人材を育てる試みとして、京都大学では「白眉プロジェクト」を進めています。これまでの教員人事の在り方とはまったく異なる、学部や研究科を超えたシステムです。いろいろな分野から優秀な若手研究者が集まってくれて、世界中の応募者の中から、20倍もの倍率を突破して合格した60名の方を採用しています。今後、採用数を100名まで増やしていきたいと思っていますが、独立心の強い、優秀な人はその後も勝ち残っていきます。例えば、プロジェクトの中から、本学医学部の教授に40歳代初めの女性が抜擢されました。新しい仕組みをつくると必ずプラスの成果が出ます。

安西　学部・大学院改革の一環として企業が望むグローバル人材を育てるには、粘り強く大学と産業界が相携えていくことが大切です。「大学では半期に何をすべきか」「1年間に何をすべきか」、あるいは「大学院で何をすべきか」といった具体的なプログラムを、産学が力を合わせてつくっていかなくてはなりません。それが、グローバル人材を育てる日本のモデルになっていきます。

大学に、リベラルアーツを教えられる人材を集める

松本　産業界からのグローバル人材を育ててほしいという要望に応えるためには、産業界の有識者、経験豊かな方にも大学に来てもらって、教育を担っていただかない限り難しいでしょう。京都大学では、産官学連携本部があり、共同講座や寄付講座などに教員として民間の方が来られるケースが増えました。それはある共同研究をするための研究プロジェクトを通じたつながりです。その一環として、新しいリーディング大学院「思修館」という構想を提案しています。京都大学は広義の文化人の宝庫でなければならないという思いからです。芸術家や哲学者、さらにお坊さん、文化人など、多様な方々が教員にいてこそ、グローバル人材を育てることにつながると思うのです。

安西氏(右)と、ホテルニューオータニ東京。

安西　人生の中で自らの判断の基盤となるリベラルアーツとしての体系、知識を学生に持ってもらえるように、多様な分野で活躍している方々が自分の経験も含めて体系的に教えられると素晴らしいですね。産業界からリベラルアーツを教えられる常勤の教授を招くと、学生が卒業してからの人生に本当の意味で役に立つことを理解できるようになります。教える方がそういうことを念頭に置いていただけるといいですね。それが本当のグローバル人材を育てることにつながります。

それには、産業界の方が大学に常勤で入って来られて、大学の先生方と一緒に「産業界にとってグローバル人材とは何か」といった議論をし、カリキュラムをきちっと立てていくことが必要です。学生にとっても、早い学年のうちから「社会とは何か」「企業で働くとはどういうことか」を考えて、リベラルアーツを本格的に学ぶ機会になります。

（２０１２年４月）

人を育てる

出口　治明
Deguchi Haruaki
立命館アジア太平洋大学（APU）学長
立命館　副総長・理事

■Profile

でぐち・はるあき／1948年生まれ、三重県出身。1972年京都大学法学部卒業、同年日本生命保険入社。東京大学総長室アドバイザーなどを経て、2008年ライフネット生命保険を開業し、社長に就任。2017年同社代表取締役会長を退任し、2018年立命館アジア太平洋大学（APU）学長に就任。主な著書に「全『世界史』講義」（新潮社）、「人類5000年史Ⅰ：紀元前の世界」（筑摩書房）、「0から学ぶ『日本史』講義　古代篇」（文藝春秋）などがある。

自分の言葉で自分の意見が言える人間

松本　大学の教育を考えると、大学生の就職先である企業は大学をどう見ているのか、それに対して大学の教育はどう応えるかという観点が一つあります。もう一つは、グローバル化の時代に、国際人としてどういう人材を育てていくかです。

出口　一点目は、大学は個々人の個性を生かして、いろいろなチャレンジができる環境をつくっていくべきです。戦後の日本は、鉄鋼、電力の復興から始まって、米国を真似して、最終的にはGE（ゼネラル・エレクトリック）やGM（ゼネラルモーターズ）のような電気・電子産業や自動車産業を育て、製造業の工場モデルによって復興を牽引《けんいん》してきました。基軸は製造業の工場ですから、一番大切なことは、素直でみんなが決めたことを守るという協調性と我慢強さに重きを置いて、若者を一括採用してきました。しかし、今や製造業のウエートは4分の1を割り込んでいて、しかも、単なるアセンブリーではなくて、アイデア、開発部門が大事になってきています。そのため、例えばアップルをつくったスティーブ・ジョブズのような尖った個性、簡単に言えば自分の頭で考え、自分の言葉で自分の意見を言える人間を育てていくことが求められています。

二点目は、グローバリゼーションが人類史の基本だということです。1848年のヨーロッパの各地で起こった革命で、フランス革命以降つくり上げてきたネーションステート（国民国家）が完成し、国境の管理を厳しくするようになってから一国主義が完成しましたが、もともと人類はグローバリゼーションで生きてきました。例えば、クビライ（モンゴル）の時代の陸の道と海の道を融合したグローバリゼーションは有名です。同時に、人間は意思疎通を行うために、昔から言語を仲介にしてきました。リンガ・フランカ（共通語）という概念がありますが、今は共通語がプアイングリッシュ（へたな英語）になっています。そういう意味では、やはり英語は勉強しなくてはいけません。しかし、そのコアにあるものは、自分の頭で考え、自分の言葉で自分の考えを述べるということです。それにはマザータン（母語）が何よりも大事で、日本人であれば国語をきちんと学び、自分の思考をはっきりと組み立てることができた上で、英語を学ばなくてはなりません。昔、キッシンジャーから、「人間は単純な動物で、生まれた土地のことを愛していて、先祖が立派な人であってほしいと思っている。だから、歴史と地理を勉強しないと、仲良くなれない」と教わりました。例えば、鹿児島の人に、「先月桜島に行ったよ」と言えば、それだけで「ええやつやな」となります。ですから、国際人になるには日本語の上に、リンガ・フランカとしてのプアイングリッシュと、世界の歴史と地理を学ぶということが必要だと考えています。

APUには約90の国や地域から約3000人の外国人学生が来ている。

松本　戦後の焼け跡から立ち上がる1960年代くらいまでは、むしろ個性が必要だったのではないでしょうか。文化人を見ても、企業人を見ても、「俺は人とは違うことをやる」というような志に燃えた人がいっぱいいいました。21世紀には、企画力や考える力を持った人材、つまり1960年代に個性を発揮して活躍したような人が求められています。

■人を鍛える「人、本、旅」

出口　僕は、人を鍛えるのは「人、本、旅」しかないと思っています。まず「人」では、たくさんの人に会うことです。立命館太平洋大学（APU）の場合は、約90の国と地域から約3000人の留学生が来ていて、1回生の留学生は原則全員寮に入ります。日本の学生も多くは寮住まいで、日本人と留学生が同室になりますから、自然といろいろな国の人に会えるわけです。

次に「本」は、古典を読むことを勧めています。言うだけでは分らないので、2018年4月の入学式の式辞では、30冊のリストをつくって、この中で1冊でもいいから読んでほしいと思い、そのリストを新入生全員に渡しました。しかし、読む楽しさを知る環境もつくらなければ、学生はなかなか読みません。そこで、インターネットで若い人が面白い本を紹介している「HONZ」という書評サイトのグループと、本好きな学生や教職員が2時間くらい本についてディスカッションする場を設けて、「本って面白い」ということを発信しています。

それから「旅」ですが、何事でも全体を見るには、時間と空間を離れるのが一番です。例えば、僕がヨーロッパの小さい町にふらっと降りたったら、まず城塞跡など一番高いところに登ります。

そこから見たら、町の姿がよく見えます。あそこに大聖堂があって、あそこに市場があり、こういう順番で歩いて行こうと決めるわけです。少し離れたところから見ると、何ごとでもよく見えます。短期、中期、長期でも、少なくても1回は海外で勉強するなり、働いてみて、もう一度日本を見直す、あるいは世界を見直す機会をつくるようにしてもらいたいです。

松本　本の中でもどういう本を読んだらいいかというと、ヨーロッパでよく「Great books１００選」として、古典の本が推薦されています。理化学研究所でも、２０１７年10月に「科学道１００冊」を選び、ウェブサイトで紹介しています。また、「科学道１００冊　ジュニア」として古典的なものを含めて科学の面白さ、深さ、広さが伝わる１００冊も選びました。

本を読むきっかけを与えることは大変重要で、若いときに読んだ本の方が、年齢を重ねてから読む本よりも影響力が大きいと思います。特に、古典は長い時間のフィルターをかけて生き残った本ですから、多くの教訓を与えてくれます。

出口　僕は、企業の人にはパリ大学の小坂井敏晶さんが書いた『社会心理学講義〈閉ざされた社会〉と〈開かれた社会〉』（筑摩書房）という本を薦めています。この本には、「人間とは何か」「社会とは何か」ということが書かれています。

どんな商売でも人間がつくる社会を相手にするのですから、人間や社会というものの本質が分からずに、単なるビジネスのノウハウを学んだところで、商売なんかできっこないと思っています。ビジネスのノウハウ以前に、人間や社会に対する洞察があって初めて商売の技術が役に立つのです。

「複線」でいろいろなことを経験する

松本　今の子どもたちはさまざまな面において経験が少なく、小さなファミリーの中で兄弟姉妹もなく親子だけで育った子どもが多くなっています。そうした子どもたちが高校から大学に入ってきた段階でどうやって教育するか、どうやってその子どもの世界の大きさを広げていくかは、教育の根本的な問題と思います。特に、入学試験は教育の大きな障壁になっています。

出口　大学の究極の姿を考えると、僕自身は希望者全員を入れてもいいと思っています。その代わり、大学に入って一定のレベルに達しなければどんどん落とします。今の文部科学省の指導の下では難しいのですが、そういう運営をしていけば基本的には落第すると思う人は来なくなります。「アル＝アズハル」というエジプトのカイロにある大学は970年に創設された現存する世界最古の大学の一つですが、アル＝アズハルの「三信条」というものがあります。「入学随時」「受講随時」「卒業随時」です。勉強したいと思ったときに来ればいい、勉強したいと思う者だけが学んで、賢くなったと思ったら出ていけばいい、もちろん何回来てもいいということです。これが大学の基本であり、ある意味究極の姿です。そうすれば、自然とマーケット原理が働いて、本当に勉強したい人だけが来るようになると思います。

人を育てるには、やはり「複線」が大事です。人間はやりたいことがどんどん変わっていきますから、「単線」では難しいと思います。若いときは、複線でいろいろなことを経験できるようにすべきです。

（2018年7月）

教育を考える

北畑 隆生
Kitabata Takao
開志専門職大学 学長
(元経済産業事務次官)

■Profile

きたばた・たかお／1950年生まれ、兵庫県出身。1972年東京大学法学部卒、同年通商産業省(現経済産業省)入省。大臣官房総括審議官、大臣官房長、経済産業政策局長などを経て、2006年経済産業事務次官に就任。2008年退任し、三田学園理事長、同校長、神戸製鋼所取締役会議長、丸紅社外取締役などを歴任。百年経営の会会長、2020年から開志専門職大学学長に就任。著書に「地域に活気。日本に元気—地域経済活性化の処方箋」「新経済産業戦略を語る」(いずれも経済産業調査会)などがある。

思考力、判断力、表現力を鍛える

松本　偏差値にとらわれ過ぎる日本の学校教育の弊害が指摘され、学生の考える力や構想することを重んじる教育が望まれています。そのため、中学、高校、そして大学の教育に何が必要かが問われています。

北畑　私が２００８年に三田学園の理事長に就任したときに、有力進学校を目指すとともに文武両道を徹底することを目標に掲げて、改革を進めました。生徒全員が勉強とクラブ活動の両立を目指すことにし、両立を実現するために、週１回はクラブ活動の無い日を設けるなどの工夫もしました。

文武両道は一定の成果を上げ、部活で鍛えた体力、気力、集中力は受験にも効果があったようです。もっと重要なことは、部活で身に付けたリーダーシップ、チームワーク、人間関係などは社会に出てから大いに役立つということです。私は国立大学の入学試験に推薦入学やＡＯ入試が広がれば、文武両道を目指す学生がさらに出てくると思います。

文部科学省の学習指導要領では、思考力、判断力、表現力を養うべきだとされていますが、知識の応用力を鍛えるため、三田学園では、ある総合商社にお願いして、夏休みにグループ学習を実施しました。商社がアフリカのある国で事業をやるときに、「発電所を建てて電気を売る」「自動車工場を建てて自動車を売る」「農園を経営してコーヒー豆で外貨を稼ぐ」の３つのうちから１つを選択して、その問題点、メリットを答えなさいというのが課題です。８つのグループで議論をして、代表者がプレゼンテーションをします。正解があるわけではありません。考え抜いて、より良い答えを出して、伝えることが大切で、思考力、判断力、表現力が鍛えられます。こうした試みを通じて、変革の時代に生き抜く力を身に付けることができますし、産業界もそういう人間を求めています。

松本　京都大学では、特色ある人材を求める特色入試を導入しました。大学で力を伸ばすためには、基礎ができていないとダメです。基礎とは何かというと、中学や高校で学ぶべきことを学ぶということで、豊かな人間性の育成にもつながります。そして、特色入試を導入するに当たっては、高校と大学の信頼関係がなくてはいけません。高校がどういう教育方針を持って、どれくらいの科目を教えているかです。例えば、文系と理系に分けて、しかも受験科目まで決めて、その科目だけを集中的にやるというのは人間形成にとっては良くないと思います。ですから、入試の問題だけがクリアできる、いわゆる受験技術に長けた学生だけを採るのは間違いだということで特色入試を導入しました。

■「自学自習」で基礎を身に付ける

北畑　２０１９年から専門職大学という新しいカテゴリーの大学制度がスタートし、私が学長を務める開志専門職大学が設立されました。高度な知識と理論を学ぶ大学に、専門学校などが行っている実践的な職業教育の良さを取り入れた大学です。

産業構造、技術革新、国際化など変化する時代を迎え、経験したことのない新しい仕事に取り組んだり、転職することも当たり前となっています。より豊かでやりがいのある仕事に就くためには、しっかりした技術・技能を持つ即戦力であると同時に、理論と高度な知識に基づく新しい事態に対応するための展開力、応用力が必要です。そういった人材を育てていきます。

建学の精神は「自学、挑戦、創造、貢献」ですが、一番に「自学」を掲げました。大学卒業後も自分を高めるために学び続けないと、変化の時代に生きていけません。

松本　私も京都大学のときに、「自学自習」をずっと言ってきました。何か新しいことにチャレンジするときに、勉強してみても理解できないことがあります。それは自分の中に基礎がないからです。私は中学、高校では、受験科目に関係ない部分でも勉強させるべきだと思います。例えば、理学部、工学部に行く人に文学の本を読ませる。逆に、文系に行く人でも数学しか勉強していないのはあり得ないと思います。これからは、理系だ、文系だということではなくて、中学、高校の間にこそ成長のチャンスがあるわけですから、全部の教科をある程度勉強しておくことが重要で、基礎を積み上げていなければ適応力も身に付きません。

北畑　第一次安倍政権で再チャレンジ政策を論議していたとき、私は経済産業省の局長をしており、高等専門学校から大学への編入をもっと認めるべきだという議論をしました。高専は実践的な教育を行っていますが、残念なことに学士号は出ません。大学編入で高度な知識や理論を学び、学士号を取得することは重要だと思います。開志専門職大学でも専門学校や高専の学生を大いに受け入れたいと思います。

（2020年1月）

大学入試のための教育ではない

山本 廣基
Yamamoto Hiroki
大学入試センター 前理事長

■Profile

やまもと・ひろき／1947年生まれ、大阪府出身。1974年島根大学大学院農学研究科修了、1985年農学博士(名古屋大学)。佐藤造機(現三菱マヒンドラ農機)中央研究所、島根大学教授、生物資源科学部長、理事・副学長を経て、2009年学長に就任。熊本大学監事の後、2013〜2022年大学入試センター理事長。中央環境審議会臨時委員、農業資材審議会農薬分科会長、高大接続システム改革会議委員などを務めた。日本農薬学会名誉会員。著書に「土と農薬」(日本植物防疫協会)、「農薬の環境科学最前線」(ソフトサイエンス社)など。

テストに必要な「思考力や判断力」を問う問題

松本　大学入試センターの試験は、高校生にとっては山場のようなもので、教育全般に大きな影響を及ぼします。2021年1月から「大学入学共通テスト」に変わる過程では、単なる知識だけでなく、思考力や判断力、表現力をきちっと見る試験にするように議論が深まったようですが。

山本　大学入学共通テストに変わるまでは、知識を問う問題もありましたが、問題全体を見て考えないと正解にたどり着けないような問題も多くありました。また、マーク式回答であったために、多くの方々には知識偏重と見えたようです。そのため大学入試センター試験の目玉の一つとして、英語民間試験を活用した「聞く・話す・読む・書く」の4技能を実施することが前面に出てきました。もう一つが記述式で、思考力・判断力・表現力を問うために、国語と数学に記述式問題を採用する方向に動き出しました。

　ところが2019年の11月に当時の萩生田《はぎうだ》光一《こういち》文部科学大臣が、英語民間試験を活用した「大学入試英語成績提供システム」を共通テストに導入するのは延期すると発表し、12月には「記述式問題」についても延期を発表しました。その後、大学入試のあり方検討会議がセットされ、そこで28回に及ぶ審議の結果、大学入学共通テストでは、英語民間試験と記述式の両方とも中止になりました。

松本　記述式の書く力と、英語の4技能の試験は結局共通テストから外れ、二次試験で主に見ることになりましたが、高校教育にも影響があったと思います。

山本　大学入試がどう高校教育に影響を与えるかは、一番大事なところです。高校の学習指導要領の中は、例えば英語は4技能を学習すると書いてありますが、個別の大学入試で4技能を見ている大学は限られています。大学入試に採用しないから高校での授業がおろそかになる、また大学入試がマーク式でクイズみたいな問題ばかりだから、高校で思考力を育む授業をしていないといった指摘がありますが、そんなことはありません。高校の先生方はアクティブラーニングなどいろんな工夫をされています。しかし、そうすると大学の共通テストで良い点が取れないので、入試のテクニックばかりを教える高校もありますし、塾はそれが顕著です。このように、大学入試が高校での学習をゆがめているという状況もあり、今回の大学入試改革の議論がスタートしました。

■全人格的な生徒を社会に送り出すことが目的

松本　今は、大学入試をどう乗り越えるかを教え込むのが高校や予備校の役割になっているきらいがあります。しかし、本来の教育は、こうあるべしという教育目標に向かって教育をして、試験は教育の成果を見るという程度が一番いいのではないかと思っています。

山本　おっしゃる通りです。受験産業をはじめ高校の先生方は、やはり東京大学、京都大学をはじめ国公立大学に何人入ったという結果が業績のようになっています。そうすると、まず第一関門の大学入学共通テストで何点取らせるかというようなテクニックが優先されるようになります。問題を出している側としては、きちんと問題文を読んで、それから考えて解いてほしいのですが、とりわけ受験産業では、例えば傍線を引いてあるところを読んで次に問いと選択肢を見て、また傍線のところへ戻ったら速く解けるというようなテクニックを教えることが続いているように思います。それは、やはり学歴社会の中で、有名大学を卒業することが人生の成功者のように言われてきたことが、今でも残っているのかもしれませんし、高校教育をゆがめてきたと思います。

短期大学を含む大学進学率は約60％です。高校生の約40％は大学に行きません。そうすると、高校教育が大学に入るためのテクニックを教えることになっているという現実を、やはり考えないといけません。高校での学習は、入試のためにあるわけではなく、本来は一人前の全人格的な生徒を社会に送り出すことが目的ではないでしょうか。

松本　今も昔も変わらないと思うのですが、「人間ってのは何や」「自分って何や」と考えるのは、高校から大学にかけての年代です。一番多感な時代ですから、先生に言われた一言がその人の一生に大きく影響することがあります。

山本　大学入試改革では、入試を変えれば高校教育が変わるといった考えから、「この科目を入れよう」「こういった能力を測ろう」といった議論がありました。確かに、「入試が変われば日本の教育が変わる」といった考えは根強いですが、大学入試のために高校までの教育があるのではないということを強調しておきたいと思います。

（2023年1月）

女性リーダーの知恵

羽入 佐和子
Hanyu Sawako
お茶の水女子大学 元学長
国立国会図書館 前館長

■Profile

はにゅう・さわこ／神奈川県出身。1982年お茶の水女子大学大学院博士課程修了、学術博士。専攻は哲学。お茶の水女子大学大学院人間文学研究科教授、同副学長兼附属図書館長を経て、2009年同学長。理化学研究所理事、文部科学省および内閣府の審議会委員、国立大学協会副会長、日本ヤスパース協会理事長、国際ヤスパース協会連盟理事などを務める。2016年女性初の国立国会図書館館長に就任。瑞宝重光章を受賞。帝京大学先端総合研究機構特任教授。著書に「ヤスパースの存在論」(北樹出版)、「思考のレシピ」(ディスカヴァー・トゥエンティワン)などがある。

判断の場面で生かされる「思考の柔軟性」

松本　女性の社会進出は、あらゆるところで必要です。ただ、傑出した女性リーダーはそう多くおられません。その原因の一つとして、「ああいうふうになりたい」と望まれる「ロールモデル」の女性がなかなかいないとの指摘もあります。

羽入　男女にかかわらず、個々人が持っている力を十分に発揮し、活躍できることが重要です。そのことが社会基盤を強くし、真の豊かさをもたらすと考えています。

さらに組織のリーダーには自らが判断することが求められます。そのためには、できる限り広い視野で柔軟に考えて、過去を評価し、新たに判断することが必要です。お茶の水女子大学学長などの経験を振り返ると、私が学んできた哲学の基本的な考え方に、その都度基づいてきた気がします。

既成概念にとらわれない、思考の柔軟性が哲学の基本です。考え方は無限と言えるほどあり、行き詰ったときには、「何か別の見方があるかもしれない」と考えるように心掛けてきました。

松本　リーダーは、何かをチョイスをしないといけません。そうすると、賛成する方々と、反対もしくは賛成しない方々のグループができます。そのときのリーダーの身の処し方が非常に大事になります。しかし、身の処し方を訓練する場所が日本ではあまりありません。例えば大学の学長で言えば、それまでは研究職で、研究室を運営する立場でしかなかった方が、いきなりガバナンスに取り組むことになります。大学だけでなく、企業や政府機関でも同じケースが多くあります。ですから、リーダーの身の処し方を訓練した方がいいと思うのです。

羽入　リーダーの判断は、そのときの状況に大きく左右されます。ですから、状況をどう理解するかが重要になると思います。

松本　リーダーは、今ある事象について決断しないといけませんが、その事象だけではなく、周辺も視野に入れ、全てのことを考えて、私はこの期間はこれでいくということを自分で判断しないといけません。

それには、経験が必要です。極端に言うと、個人のそれまでの子ども時代から、どういう環境でどういう人たちと折り合って生きてきたということが大きく影響します。「このときには、こうしないといけない」という教科書があるわけではありません。たくさんの経験がリーダーになったとき生かされると思います。

■行き詰まったときに、それまでの見方を相対化してみる

羽入　たくさんの経験によって得られる感覚が、おそらく多様な在り方や考え方、それを理解する力や論理性を養うことにつながるのかもしれません。

私は、精神病理学者で「実存」の哲学者と言われたカール・ヤスパース（１８８３～１９６９年）から、一つの価値観を絶対視することは暴力的な状況を招きかねないことを知りました。私たちは

何か行き詰まったときに、別の見方がある、と気が付くことによって道が開けることがあります。それは、それまでの見方をあえて相対化してみる、ということを意味していると言えるかもしれません。相手の立場に立って考えるのもその一つですし、創造力を働かせて別の可能性を考えてみるのも相対化の一つのように思います。組織にあっては、自分が上司だったらこの言葉はどう理解されるだろうか、逆に自分が部下だったらこの発言にはどんな影響力があるか、と考えることです。

松本　リーダーとしての資質を身に付けるには、大学での教育が重要です。

羽入　お茶の水女子大学では、リーダーに必要な「知識」「見識」「寛容」の三つの資質を身に付ける教育を理念として、「グローバル女性リーダーの育成」に力を入れました。「知識」は文字通り歴史的に蓄積されてきた知識であり、客観的に伝達する知識です。それに加え、適切に状況を判断できる「見識」、さらに独断的にならずに他の意見や他の人の立場を理解しようと努める「寛容」の姿勢が求められると考えました。当時は、女性の大学進学率は5割を超えていましたが、女性管理職の割合は低く、企業や官庁、各種団体などで意思決定に関わっている女性はまだわずかな状況だったことが、「女性リーダー育成プログラム」を始めた理由です。このプログラムでは、多様な状況に対応できる資質を磨き、社会を牽引《けんいん》できる女性を育てることを目指しました。

また、対話の大切さは、リーダーが組織を導いていく際にも言えます。私の経験からすると、組織が変わるたびに新しい知識や人脈の構築が求められてきましたが、対話を繰り返すことこそが進むべき道を見いだす方法でもありました。

（2023年4月）

大学での学び

榊 裕之

Sakaki Hiroyuki

奈良国立大学機構 理事長

■Profile

さかき・ひろゆき／1944年生まれ、愛知県出身。1968年東京大学工学部電気工学科卒、1973年 東京大学大学院工学研究科電子工学専攻博士課程修了、工学博士。米国IBMトーマス・J・ワトソン研究所客員研究員、東京大学生産技術研究所教授などを経て、2007年 豊田工業大学副学長・教授、2010年同学長、2022年 奈良国立大学機構理事長に就任。応用物理学会会長などを務め、日本学士院賞、文化功労者、文化勲章などを受賞。

社会と人間への理解を深める時期

松本　大学の教育は、専門知識を教えるだけではありません。人格をつくるという点でも大学時代は非常に重要な時期です。

榊　大学生活は修士課程を含めても6年間で、長くはありません。この期間は、人や社会に関して幅広く学ぶとともに、自らの人格を磨き、さらに特定領域における専門性を深める大切な期間です。ただ、学生時代は制約が少なく誘惑もあるので、自分の人生を見つめ、しっかり設計し、貴重な機会にしてほしいですね。私は、機会があれば、若い時期に半年余りを海外で過ごし、文化や考え方の多様性を知るとともに、世界がどう動いているかを実感し、自分や日本がこの世界でどう対応するのか、考えを深めてほしいと思います。

私は東京大学教養学部に入り、3回生で工学部電気工学科に進学後、4回生になり卒業研究で新型トランジスタの研究を始めて以降は、一つのことを種々の面から眺め、調べ、学ぶことがいかに知的に楽しいかを体験しました。他方、教養学部での2年間には、自然科学に加え、人文系や社会科学系の主要課題に関して考えを深める機会に恵まれました。教養教育のあるべき姿に関して明瞭な方針と強い信念を持つ先生方のおかげで、社会と人間への理解を深められたことに感謝しています。

松本　今の大学には、自分の専門を教えてくれる先生はたくさんいらっしゃるのですが、「社会全体を、あるいは世界全体をどのようにしていきたい」という気持ちがあって、だからこの学問が必要だと教える先生が減ってきたように感じます。

榊　大学時代の自分の経験をもとに、2023年4月、奈良女子大学の新入生約500名と奈良教育大学の新入生約250名に、「大学での学びと人生について考える」というテーマで話をさせていただきました。特に、大学卒業後も学び続けることが可能であり、また必要ですが、社会や家庭を支える立場になるので、時間的制約などが多く、集中的に学びができるのは大学時代までと限られることを指摘しました。自分の人生について深く考えられる素晴らしい時期なので、大学での日々を十分に生かしてほしいということを伝えました。

インド思想には、人生を四つの時期に分けて考える「四住期《しじゅうき》」という教えがあります。最初は学びを中心とする「学生期《がくしょうき》」です。次に、社会を支え、家族を支える「家住期《かじゅうき》」が到来し、それが終了すると、社会や家族から離れて林の中で修行や瞑想し、人生を振り返る「林住期《りんじゅうき》」になります。その後、天命を終える頃に「遊行期《ゆぎょうき》」という時期が来ます。大学は「学生期」の最終段階ですので、この時期をしっかり生かし、次の「家住期」につなげてほしいとの願いを伝え、そのためのヒントとなる材料の提供に努めました。

人生を左右する先生との出会い

松本　学生時代には、先生との出会いも大切です。大学で研究室を選ぶときには、自分の考え方にフィットする、あるいは将来研究したい研究室があってこそですから、運・不運があります。私の

榊氏（右）と、国際高等研究所。

場合は、京都大学で電子工学を選び、研究とは何かも分かりませんでしたが、4回生のときに希望した先生の研究室に入ることができました。巡り合いの積み重ねが人生のヒストリーを決めますね。

榊　私も偶然の出会いに恵まれ、大きな影響を受けました。東京大学理学部の物性理論の教授で、東芝での勤務経験もある植村《うえむら》泰忠《やすただ》先生との出会いもその一つです。植村先生は視野が広く、物性物理と半導体電子工学が深く関連する領域を研究されていたため、私の指導教員であった電気工学科の菅野《すがの》卓雄《たくお》先生とも深い交流があり、私は修士の1年生の頃から植村研究室に出入りすることになりました。量子的な物性と電子工学との境界領域で助言や議論をしてくださる方々と出会えたことは本当に幸いでした。

　さらに、植村先生は物理学科の卒業者たちとつながりを持っておられ、中には江崎《えさき》玲於奈《れおな》先生がおられたのです。江崎先生は、１９４７年に東京帝国大学理学部物理学科を卒業後、ソニーなどで仕事をされ、トンネルダイオードを発見されたため、１９６０年に米国ＩＢＭに招聘《しょうへい》され、研究者として活躍されていました。

私が博士課程にいた１９７１年頃、江崎先生が東京大学に来られ、私の研究を紹介したところ、「なかなか面白いですね」と声をかけてくださり、間もなく「博士課程が終わったらＩＢＭで研究してみませんか」というお招きをいただきました。学位取得後、東京大学生産技術研究所の教員としてしばらく働いた後、米国ＩＢＭの研究所の客員研究員になり、１年半を過ごしました。この経験は、研究者人生を変える大きな出来事でした。

松本　榊先生は豊田工業大学の学長も経験され、その当時から研究者としてだけではなく、大学のマネジメントもされています。

榊　実は、豊田工業大学とのご縁も、偶然の産物です。東京大学の生産技術研究所時代に、トヨタ自動車の技術陣と半導体技術に関して議論をしたり、トヨタ社内の技術講演会にも出る機会がありました。そのご縁で豊田章一郎さんとも知り合いになり、トヨタが社会貢献のために設立した豊田工業大学のアドバイザー役を20年間ほど勤め、その後、学長を務めることになりました。

豊田工業大学では豊かな人間性を備えた技術者を育てたいと考えました。そのため、新入生全員が寮生活を体験できる環境に加え、実習や研究環境も整え、小規模ながら独自性の高い大学を目指しました。

（２０２４年1月）

第6章

建築・アート・スポーツ

都市の景観を彩る建物

隈 研吾
Kuma Kengo
建築家
東京大学 教授

■Profile

くま・けんご／1954年生まれ、横浜市出身。1979年東京大学工学部建築科大学院修了。米国コロンビア大学客員研究員を経て、1990年隈研吾建築都市設計事務所を設立。2009年より東京大学教授。1997年「森舞台／登米町伝統芸能伝承館」で日本建築学会賞、2011年「梼原・木橋ミュージアム」で芸術選奨文部科学大臣賞などを受賞。著書に「自然な建築」(岩波書店)、「新・ムラ論TOKYO」(集英社)、「場所原論」(市ヶ谷出版)、「なぜぼくが新国立競技場をつくるのか」(日経BP社)などがある。

〝都市格〟は100年単位で出来上がる

松本　都市には都市の顔があり、町には町の佇《たたず》まいがあります。そして、景観や環境と調和した建物が、都市や町の雰囲気をつくり出します。同時に、人間が建物の中に入って使うという立場になると、利便性や効率性、快適性といったさまざまな要素があります。

私の出身地である奈良と東京では景観が全然違います。米国でもサンフランシスコやニューヨークのシルエットには一つの雰囲気がありますが、そのような景観は意図してできたものではありません。また、すでに建っている建築物群の中に大きな建物を建てると、プロファイルが変わってきます。

隈　それぞれの都市は、デザイナーやアーバンプランナーがいてプロファイルを決めたわけではありません。生物の群れは遠くから見ると秩序がありますが、それぞれの個体は自分の周りのことしか考えていません。その群れと同じように都市も、それぞれの建物をつくる人間は、そのときの法律や効率性など、身近な問題を考えてつくります。しかし、トータルで都市を見ると、生物の群れのような形で、その都市にしかないプロファイルができます。それが都市の面白いところです。

都市のプロファイルは、短い年月でできるものではありません。最終的に100年単位でできているものなので、とても親しみが持て、人間の人格に相当する〝都市格〟みたいなものが、そのプロファイルの中に込められています。東京には東京のプロファイルがあります。これをどうやって強くしていくかというのが、僕らのこれからの課題です。

松本　例えば、新宿のどこかに、かなり大きなスケールの建物をデザインする場合、隣に建つ既存の建築物との差や空間的なプロファイルのリズムを考える必要があると思います。

隈　お隣さんは大事です。魚の群れでも目の前と隣を意識していると、最終的には全体として群れの美しさができるのと同じです。やはり、建築家も急に「全体を考えろ」と言っても考えられません。まずお隣さんを尊敬する。そのときに、人によって違いはありますが、僕の場合は素材みたいなものを大事にします。隣がガラスのビルでできているか、ガラスも反射ガラスでできているか、透明度の高いものでできているかなど、隣との質感を大事にし、うまい形でバランスを取っていきます。それは、必ずしも質感を同じにするということではなく、言ってみればマッチングです。人間は全員が少しずつ違っていても、全体としてはバランスが取れているわけで、隣の人とのバランスを取ることが大切です。そこには会話が生じ、それは一種のダイアローグのようなものだと思います。僕のつくった建物の隣に建物をつくる人とも、また次の会話が生まれ、会話が連鎖する形で町はできていきます。

■コンクリートと木造のバランスが取れた都市の魅力

松本　今、東京の建物は民家を除いてほとんどがコンクリートですが。

隈　これからは木造の中層マンションが建つ動きが出てきます。違う方向の木を貼り合わせて強度

フランス東部にあるブザンソンの中心部を流れるドゥー川の河岸に、木を使ったデザインのブザンソン芸術文化センターが建つ。

を出したCLT（Cross Laminated Timber）という新しい技術によって、10階建ての建築物も木造でできるようになるためです。ヨーロッパではすでに、CLTを使った中層のマンションがたくさん建ってきています。環境に興味のある人が、自分は木のマンションに住んでいるという生活を楽しむことで、それがライフスタイルになっています。

以前、東京は、コンクリートの都市に変えるという考えの下で、木造とコンクリートの間でバランスの悪い時期もありましたが、バブルが崩壊した後の今は、かなりバランスの良い状態に成熟してきています。アジアからも東京に来る人が増えていますが、それも調和と個性のバランスが取れた都市としての成熟を感じてくれているからではないでしょうか。僕は、これからが東京の一番良い時代になるのではないかと思っています。

松本　大都市部には大きな建築物が目立ちますが、日本全体を見渡してみると、田舎に行くと違った風情、違った建築観があるように思います。

隈　世界の田舎を見てみると、日本の田舎はかなり良いと感じます。日本人の中では、日本の田舎は過疎でダメだという議論がされますが、世界の田舎と比較してみると、日本の田舎にはまだまだ文化や自然が多く残っています。日本の田舎の潜在的なパワーは捨てたものではありません。日本人は自信を持って、日本人の宝として田舎をもう一度見直す必要があります。日本の田舎には世界の田舎に勝てる強い競争力があります。

松本　例えば奈良だと、御所をはじめ、南部では材木で儲けた人が欄間《らんま》など目立たないようなところですごい贅《ぜい》を尽くしています。そういうところに時間と文化の蓄積があります。日本古来の美と、現代建築の美の間には、素人目に随分差があるように感じますが。

日本の建築が持つ伝統的な〝抜け感〟

隈　日本の伝統的な建物には、現代建築の最先端に通じる部分がいろいろあります。例えば、日本人は昔から〝抜け感〟を大事にしてきました。小さい国土の中で閉じこもって住むと息が詰まるので、抜け感を取り入れ、隣の空気が感じられるようになっていたり、借景のように隣の景色をうまく取り入れたりしてきました。

そのように、高密度の中で住む技術が、日本の伝統建築の中にたくさんあります。それは現代建築で僕らがやろうとしていることと相通じるものです。今、ある意味では世界中が高密度化して、環境が厳しくなっていますが、何とかして気持ち良く生きたいという思いがあります。その可能性を探すヒントに、坪庭など日本の伝統建築があります。

今、日本建築は、世界の中で注目度が高く、「世界の現代建築の中でどの国が一番面白いか」と聞くと、日本を挙げる人が多くいます。日本の建築が世界の中で注目されているのは、日本の中に今の時代に通じる高密度向けのノウハウがたくさんあるからです。さらに、日本は光と影をうまくデザインする技術があります。素材をうまく使うとか、形をきれいにデザインするだけでなく、光をデザインする感覚に日本人は長けています。

松本　日本家屋は、限られた場所で、夏、冬と非常に環境の変化の激しい中で過ごすために、いろいろ工夫をしています。

隈　20世紀のオフィスビルの原型は米国で生まれましたが、そのときは石油の安い米国では、完全に密閉空間の中でエアコンを使って管理すればいいという考え方でした。今は石油を使うのは時代と反した考え方なので、どうやって自然の空気を取り入れるか、どうやって自然の光を使って照明に頼らない執務空間をつくるかといった方向に向かっています。

設計するときに、自分をその空間の中に入れてみることが大切です。ビルができる前に、自分をビルの中に置いて歩き回ってみて、「分かりやすいな」とか、「歩きやすいな」ということを検証できるかどうかが建築家の能力です。

また、建築家は現代の一番新しい技術にも目を配らなければいけません。例えば、建物の中に入っても、「このコンセントは何でここにあるのだろう」という目で見ます。絶えず自分の周りの環境に気を配りながら毎日を生きることが一番大事です。

（2016年10月）

サグラダ・ファミリアへの思い

外尾 悦郎
Sotoo Etsuro
サグラダ・ファミリア聖堂 芸術工房監督

■Profile

そとお・えつろう／1953年生まれ、福岡県出身。京都市立芸術大学美術学部彫刻科卒業後、中学校・高校定時制非常勤講師を経て、1978年スペイン・バルセロナに渡る。彫刻家として認められ、サグラダ・ファミリア聖堂の彫刻に携わる。2000年、サグラダ・ファミリア「生誕のファサード」の彫刻群が完成、2005年世界遺産に登録。リヤドロ・アートスピリッツ賞、福岡県文化賞、ミケランジェロ賞、ガウディ・グレゾール賞などを受賞。サン・ジョルディ・カタルーニャ芸術院会員。著書に「バルセロナ石彫り修業」（筑摩書房）、「外尾悦郎作品集・言の葉」（ソトオ企画）などがある。

「お前にこの仕事ができるか」と言われ続けて

松本　〝永遠に未完成のまま〟と言われたスペイン・バルセロナで建設中のサグラダ・ファミリア聖堂（以下サグラダ・ファミリア）が、大きな節目を迎えます。設計者のアントニ・ガウディが亡くなって１００年となる２０２６年に、18本の塔などの基本構造が出来上がります。サグラダ・ファミリアには世界中から多くの人が訪れていますが、デザイナーや建築家、彫刻家だけではなく、一般の方もそこにガウディの魅力を感じられていると思います。

外尾　私がサグラダ・ファミリアの彫刻に携わって41年（２０２０年時点）になりました。これからどれだけ続くか分かりませんが、３カ月の予定で行ったつもりが41年ですから、ありがたいことです。41年の間仕事をしてこられたのは、前やったからできるという仕事を一度も与えられなかったことにあります。やったことがない、自分にできるかどうかまったく分からない仕事ばかりがきました。それが41年続いた理由だと思います。できるかどうか分からないものを目の前に、「お前できるか」と言われたら、逃げるわけにはいきません。

石を彫るのには鋼鉄製のハンマーを使いますが、いいハンマーに出会うと本当に幸せです。抱いて寝たいくらいです。それから、ノミの先と頭は焼き入れの加減を変えないといけません。ノミの頭を先と同じように硬く焼き入れすると、ハンマーとかち合って反発し合うからです。危ないのは、ハンマーでノミを打ち続けると、鋭い鉄の塊が飛んで体に刺さることがあります。私も腿《もも》に鉄の塊が入っていますが、石を彫っている人であれば誰でもあることだと思います。石を少しずつせり動かすのに、鉄の棒も必要です。何トンもの石が自分で歩くような動かし方があり、それは一つの知恵です。いろいろ工夫した道具を使った石との闘いは面白いですね。

松本　今まで、多くの作品を手掛けてこられたと思いますが、これは「やった」という作品はありますか。

外尾　どの作品も「やった」とは思いました。ところが、どれも後悔しています。後悔のない成功は、正直に言うとありません。サグラダ・ファミリアの私のつくった彫刻を見て感動してくださっている皆さんや、この道に入ろうとしておられる若い方々には申し訳ないのですが、つくった本人としては、「あそこは、あのときはああやっておけば良かった」という思いがあります。

私はまだ自分では若いつもりではいますが、年齢的には老年期に入っており、完成したものはつくれないと思っています。ただし、人間がもし完璧なものをつくれるとしたら、そのときは神になってしまうと思います。幸いにも、人間は永遠に完璧なものはできないのですから、謙虚に努力し続けるべきです。そこで忘れてはいけないのは、良い方向に常に持っていこうとする気持ちで、それが人間の完成ではないかと思うのです。

アインシュタインは、人間ができる究極のところまで研究を進めたわけですが、これから先は神の世界だと言いました。やはり、登りつめた人は、ここから先は人間の力ではないという感覚を持っている気がします。私も石を彫ることによって、私が探しているものを共に探してくれているような気がするのです。

松本　なかなか奥の深い言葉ですね。サグラダ・ファミリアの立派な彫刻群でも、出来上がった全体像は頭の中にもちろんあると思いますが、それをやり遂げて、自分が探し求めているものに近づいたということをその都度思われましたか。

何らかの力が加わって、思いもかけないものができる

外尾　本当は頭の中にあるものがそのまま実現できればいいわけですが、実際は使う石の条件をはじめ、職人たちとの関係、道具やクレーンがうまく使えるかどうかといった細かい現実的な問題や状況に合わせていかないといけません。ここまでは彫りたいと思っても、最後は「石に断られてしまった」ということもあります。石をねじ伏せるわけにはいきません。石の言うことを聞かないといけません。言ってみれば妥協の産物かもしれませんが、自分としてはイメージしたものに近づけたという思いはあります。

ミケランジェロのつくったダビデ像もそうだと思います。ミケランジェロがダビデ像を彫ったときの石切り場が今でもありますが、当時はクレーンもありませんから石切り場の下から引きずり出してくるわけです。その石を見たときに質は良いと思ったのでしょうが、実際に彫り出してみると、ダビデ像の足元にひびが出てきたのです。それが５００年後の今、大変な問題になっています。ダビデ像は二本足で立っていますから、よく５００年も立っていたと思いますが、当時、ミケランジェロはそのひびを何とか中に取り込まないように、少し足先の角度を変えたのです。それが人を惹き付ける形になっていると私は感じています。つまり、自分の思い通りの形にしてしまうと、本来の

完成ではないのです。石に出てきてしまったひびをどうするかと苦悩して、一生懸命努力することによって、人間には考え付かない、生きているような不安定な完成度が生まれたと思います。

私が彫った3メートルの「ハープの天使」もそうかもしれません。9トンくらいの石を立てて彫り始めて、やっと鼻や首、髪、肩も形が出てきたときのことです。コンパスで小さな模型を拡大して彫るのですが、ゼネラル・ストライキに出くわし、その騒動で模型を落とされて壊されてしまいました。泣きそうになりましたが、模型を修復し、大丈夫かなと思いながら彫っていくと、私が最初につくった模型と違い、首が少しずれていたのです。それを後から見ると、モデルの動きが止まっているような落ち着いた首ではなく、ハープを奏でるときにぐっと手を伸ばした一瞬の動きに伴って伸びた首が表現されました。

何らかの力が加わって思いもかけないものができる。それが匠の人たちの仕事だと思います。

松本　日本の仏像作家も、つくるのではなく、彫り出すと言っています。

サグラダ・ファミリア聖堂（聖家族贖罪教会）は、1882年からアントニ・ガウディが手掛けたスペイン・バルセロナの巨大建造物（一番高い塔で180メートル近くある）。すでに完成している「生誕のファサード」と「地下礼拝堂」が、2005年に世界遺産に登録された。ガウディ没後100年の2026年に、全18塔を含む「基本構造」が完成するという。

外尾　つくってはダメなのです。自分は単なる道具であって、どんなものも受け入れる。「向こうから来たものを全部その通りにいたします」という境地で彫りたいと思っています。

自分が探しているのは、自分が生まれてきた理由や生きている理由です。何かを残したいというのではなくて、願わくば、あたかも生まれてこなかったようにいなくなりたいと思っています。何かをつくるときに、自分が思いもかけなかったものに出てきてもらうと、何かのお手伝いをしたという気持ちになります。それはとても幸せなことです。

人間が完成したときが、サグラダ・ファミリアの完成

松本　サグラダ・ファミリアはいつ完成するかとよく聞かれると思いますが。

外尾　完成という意味は何なのでしょうか。一般に完成というのは、その製品とお金とを交換するための便利な経済用語です。ですから、翌年、新製品をまた出してくるということは、現時点ではまだ完成していなかったということになります。

サグラダ・ファミリアは、何のためにつくっているのかと言いますと、サグラダ・ファミリアは教会ですから、人間を完成させるための道具なのです。ですから、いつ完成するのかと質問をされる方々には、「あなたが完成したときがこのサグラダ・ファミリアの完成ですよ」と言っています。ガウディはいつ完成するかと聞かれるたびに、決まって「神はお急ぎにならない」と答えていたそうです。

（2020年4月）

都市景観を見る

鈴木 博之
Suzuki Hiroyuki
博物館明治村 館長
東京大学 名誉教授（建築史家）

■Profile

すずき・ひろゆき／1945年生まれ、東京都出身。1968年東京大学建築学科卒、1974年東京大学工学部専任講師、1974－1975年英国ロンドン大学付属コートゥールド美術史研究所留学。工学博士。1993年米国ハーバード大学客員教授。東京大学教授を経て、2009年から青山学院大学教授、東京大学名誉教授。2010年に博物館明治村館長併任。2005年に紫綬褒章受章。主な著書に「東京の『地霊』」（筑摩書房、サントリー学芸賞）、「建築の遺伝子」（王国社）、「保存原論　日本の伝統建築を守る」（市ケ谷出版社）、「庭師小川治兵衛とその時代」（東大出版会）がある。故人。

「高度機能都市」から「複合文化都市」へ

松本　現代の都市というと、まずイメージするのは、東京やニューヨーク、ロンドンといった大きな都市ですが、パリやフィレンツェなどの落ち着いた都市もあり、都市景観や雰囲気がまったく違います。

鈴木　都市はひと色ではない、ということが一番大事です。あらゆる都市は個性を持っており、そのような姿が望ましいわけです。ニューヨークは、流行の先端地域とともにエンパイア・ステート・ビルディングやクライスラー・ビルディング、プラザ・ホテルといった、第二次世界大戦前からの建物がいまだに健在です。一方、ヨーロッパの都市は、20世紀の都市化の時代を通じて高層化し、拡大して相互に国境を越えて連携するようになりましたが、こうした変化の中でも個性を失いませんでした。パリの大通りを歩きますと、私はいつも心地良い緊張感を覚えます。

ところが、日本では都市化の時代に、過去の豊かな都市遺産を食いつぶしてしまい、都市の成熟からほど遠いところに陥ってしまったのではないかという気がします。日本の都市だけが歴史的な顔を無くして、建設途上の都市の顔しか持てなくなっています。

都市景観を考えるときに、よくそろった町並みが美しいと考える方がおられますが、必ずしもそうではありません。最新の流行のスポットもあれば歴史を感じる場所もあり、それらが共存できている都市が、住み心地のいい場所です。

松本　確かに都市には多様性がありますし、バラエティーに富んだ都市は美しいという感じがします。ただ、都市というと、大きな町で、政治と商業の中心地というイメージが付いて回り、そこには機能と景観の関係があるように思います。

鈴木　20世紀前半から半ば過ぎまでは、都市をいかに機能的に特化していくか、高度な機能を集約していくかということが考えられてきました。一言で言うならば、「高度機能都市」が理想形であったわけです。できるだけ行政機能や商業機能といった都市機能を高度にかつ集約してきました。しかし、こうしてつくった高度機能都市は、意外に脆弱《ぜいじゃく》だという反省が出てきました。

工学で「リダンダンシー（冗長性《じょうちょう》）」という言葉があります。一つ壊れるとパタパタと壊れてしまうようなのはダメで、必ずある種、不静定な構造でなければいけないということです。都市はまさしくリダンダンシーがなくてはなりません。極めて無駄なく組み立てられた都市には、一カ所が崩れると、完全に倒れてしまう可能性があります。都市は複合性がなければいけないということです。また、文化的側面は、機能的あるいは効率的な点から見ると役に立たない要素になりますが、都市にとっては欠かせない要素です。「複合文化都市」こそが、何世代にもわたって成立し得る都市なのではないかという考えになってきています。

歴史の層が重なって、出来上がった都市の魅力

松本　都市には歴史的な視点が欠かせないと思いますが、日本の都は、中国の都を真似して、三方

が山で一方が川で開けている場所を探し、平城京、藤原京、長岡京、そして平安京に至りました。条坊《じょうぼう》制という南北の大路（坊）と東西の大路（条）を碁盤の目状に組み合わせた左右対称の都市プランで設計がされたようです。

鈴木　日本の都は、四神相応《しじんそうおう》と言いますか、四方を朱雀や玄武といった方位に当てはめ、川が流れているかなど、それぞれの地形を見て場所を選びました。いわゆる碁盤の日のような平城京や平安京は見事で、ある意味自然に考え付くだろうとは思いますが、あれくらい不自然なものはありません。起伏があろうと、まっすぐに道を敷いてしまいます。普通は、尾根道や谷筋の道を通すというのが移動にも一番楽ですが、碁盤の目の平城京や平安京は、極めて特殊な都市なのです。ところが、奈良は最初から左右対象のはずが東の方へ張り出していますし、京都も最初の位置から段々重心がずれていくわけですから、生活をするにはそれが自然なのだろうと思います。

　ニューヨークも何番街と呼ばれていますが、グリッド（格子状）の最たる都市です。しかし、そこには昔から米国の原住民の人たちが使っていた道があり、5番街や6番街といった筋に

東京駅：近代国家の首都・東京の表玄関にふさわしい駅舎として、1914年（大正3年）に建てられた。正面の長さが335㍍にも及ぶ建物は一つの町並みのように、丸の内のオフィス街に向かい合っている。2012年10月に、東京のシンボルとして生まれ変わった。

そろっておらず、斜めになっています。それがブロードウェイです。ブロードウェイは、ニューヨークの中で極めて不規則な道ですが、それが逆にニューヨークの魅力になっていて、そのブロードウェイに沿ってタイムズスクエアができたり、リンカーン・センターがあったり、都市に変化ができています。その辺りが面白いところです。

松本　京都の都は幾何学的に道を敷き、「七口」と言って出口が7つあり、斜に走っていたり、比叡山を抜ける道や鞍馬に抜ける道があります。たぶん自然の道を活用したので曲がっていると思いますが、それがなければ町らしくありません。また、歴史的には道に仏教や儒教、占いなどいろいろな要素を入れて、神社、仏閣を配置しました。そして、武家社会になると、敵に攻め込まれないように道が設計されました。

鈴木　都市というのは面白くて、現代の都市を見ていても古い層がいろいろ重なっています。これは明治の初めのもの、これは江戸のもの、さらにこれはもっと前の古墳時代の痕跡かもしれないというように、いろいろな網目が重なっています。そういう網目の上で我々は暮らしていると感じるのが、非常に大事です。

　西洋の都市で一番多いのはローマ起源の都市で、ウィーンやパリもそうです。また、英国のウインチェスターなど、「〜チェスター」と付いた町は、ローマの要塞が起源の都市です。中心市街地にはローマ的に外郭が残っています。広場の跡に教会があったり、辻《つじ》にキリスト教時代になってから十字架が建てられたりしています。ローマ時代の重要な街道の辻だったものが残っているのです。

むしろヨーロッパの方がそうした場所に込められた歴史性に対する感受性があると思います。

近代の都市や建築のキーワードは「読み替え」

松本　日本では、明治になってから、従来の瓦葺《かわらぶき》や藁葺《わらぶき》を採用した近代的な家屋が建てられました。こうした建物には、外来のものを受け入れ、日本人のものにしてしまう和魂洋才《わこんようさい》に通じるものがあります。

鈴木　日本人は「読み替え」が上手です。例えば、東京は平安京のように古い都ではありませんが、お城を皇居に読み替えて、武家屋敷を官庁街に読み替えて都市づくりをしてきました。しかも大名屋敷の敷地は広いため、公共建築に使いやすかったわけです。建物としては瓦葺の屋敷が、鹿鳴館になり、煉瓦造になるというような形で、うまく読み替えてきました。読み替えが近代の都市や建築のキーワードだろうと思います。

歴史的な由緒ある建物が継承され、都市の新しい象徴として生き続けられたという意味で、東京駅の復原は非常に有意義なことです。都市づくりの象徴となる建物は、今まではあらゆるものをスクラップ・アンド・ビルドするのが、最新できれいだし、機能的にもアップしていくと考えられてきました。しかし、使えるものを長く使い続けることが精神的にも安定した要素になります。また、地球環境からすると、一番地球に負担をかけているのは建築廃材ですから、建築の長寿命化は極めて環境に対する負荷を軽減させる取り組みでもあります。さらに、文化的な価値のある建物であれば、余計に手をかけてきちんと継承していくべきです。

（2013年7月）

「問い」かける現代アート

INTERVIEW

椿 昇
Tsubaki Noboru
現代美術作家

■Profile

つばき・のぼる／1953年生まれ、京都市出身。1978年京都市立芸術大学美術専攻科修了。京都芸術大学教授。東京芸術大学客員教授。1989年サンフランシスコ近代美術館「AGAINST NATURE: JAPANESE ART IN THE EIGHTIES」に《Fresh gasoline》を出品、1993年45回ベネチア・ビエンナーレ「アペルト」に参加、2001年巨大なバッタのバルーン《インセクト・ワールドー飛蝗(バッタ)》を発表。個展として9.11以後の世界をテーマにした「国連少年展」(水戸芸術館、2003年)などを開く一方、瀬戸内国際芸術祭「醤＋坂手プロジェクト」(2013年)、「小豆島未来プロジェクト」(2016年)、AOMORIトリエンナーレ2017、ARTISTS' FAIR KYOTO (2018年〜)などのディレクターを務める。

■「答」がなく、自ら考える

――日本でも、コレクションとして現代アートへの関心が高まり、若い人を中心に現代アートが展示される美術館を訪れる人が増えているようです。

椿　現代アートとは、端的に言ってしまうと「問い」なんです。特に、19世紀後半にフランスで出現した印象派以降、セザンヌらによって、さまざまな「問い」がつぶやかれるようになりました。ですから、現代アートと日本美術とは、大きな乖離《かいり》があります。

抽象絵画などの現代アートは、禅寺の石庭をイメージしていただくと分かるのですが、「問い」を発し続ける禅の世界に非常に近いですね。「答え」がないのです。例えば、抽象絵画を所有されたコレクターの方が、抽象絵画の前で腕組みをしながら、「俺のビジネスはこれでいいのだろうか」と自問自答をするときに、「答え」を出してくれないアートがいいわけです。抽象絵画に向かって、考えを巡らすわけです。

2009年に京都の国立近代美術館で開催した個展「椿昇2004-2009 GOLD／WHITE／BLACK」では、一切キャプションを付けませんでした。説明を付けないことに、お叱りもありましたが、有名企業のトップの方から、「実にすごい」という評価をいただきました。作品を説明することで、見る人は思考停止になってしまいます。美術館が良かれと思って詳しく解説することによって、見る人の自立を奪っていると考えています。説明されないと、自分で考えるしかありません。

――現代社会が抱える問題への警告を内包しているアートが発する「問い」に対して、見る人が自ら考えることは、創造力を高めることにもつながると思います。

椿　1989年にサンフランシスコ近代美術館から米国全土を巡回した「アゲインスト・ネーチャー」（AGAINST NATURE : JAPANESE ART IN THE EIGHTIES）」に出展した「Fresh gasoline」も、米国のある大コレクターが、「僕、分からないから買おう」と言ってくれました。日本のアートをコレクションされる方たちと違い、瞬時の気持ちを大切にするマインドフルネス的ではないんです。分からない作品をそばに置いておこうといった、思いですね。

江戸時代の浮世絵師・葛飾北斎も、200年前に筆で描いた120畳の大きさの「大達磨《だるま》絵」を名古屋市中区の本願寺名古

INSECT WORLD　インセクト・ワールド－飛蝗(バッタ)(2001年)
Strengthened polyester cloth, steel frame　H9000 × W10000 × D50000mm
所蔵：水戸芸術館　(プロポーザルCG)

屋別院（西別院）に突如つるして、みんなをびっくりさせました。なかなか理解できないことにびっくりする気持ちが、人間の心に残っていなければいけないと思っています。ですから、よくこんなばかげたことに、そんなにお金をかけてと思われる試みも必要です。大人になっても、「変なことをするヤツがいるぞ」と言われる人がいる社会が健全であって、アーティストはトリックスターとして貢献しなければいけないと思っています。

世界に開かれた プラットフォームづくり

――米国で「分からない作品」として評価されたとのことですが、米国と日本では現代アートに対する風土の差、アーティストの立場の違いがあるようですね。

椿　例えて言えば、硫化水素と酸素を吸う生き物の差くらいありますね。僕らはまだ海底で硫化水素を吸っているレベルですよ。根本的に現代アートのシステム自体が違います。米国では美術館やギャラリーのディレクターが、イベントやパーティーを頻繁に開いて、パトロン候補になる人をアーティストに引き合わせています。また、アーティストはジャンルの違う人たちと積極的に関わり、公私にわたってきちんとビジネスをしている印象でした。これに対して、日本では現代アートがみんなのものになっていません。日本のアートは高尚で、美術館だけで見る、ありがたいものだというように〝権威化〟されています。多くの人はアートを胡散《うさん》臭いものと感じて、マンガやアニメ、ポップアートに流れてしまっている傾向にあり、ハイアートと呼ばれるものが、昔の明治維新の頃の形のまま塩漬けされてしまっている状況です。

そこで、京都芸術大学（前京都造形芸術大学）の教員となったこともあり、現代アートを取り巻く現状を、世界に開かれた、市民に開かれたプラットフォームに変えていく取り組みを始めました。作家にしろ、顧客にしろ、アートを支えるための仕組みであるプラットフォームが大切です。

――現代アートのプラットフォームづくりとして、「食えるアーティストを育てる」改革に取り組んでいらっしゃいます。

DMG森精機伊賀事業所に展示されている椿昇氏の教え子の作品。

松村咲希

香月美菜

椿　2012年にそれまで美術館で開いていた卒業制作展を、大学を会場にしたアートフェアに変えて、作品を売り買いできるようにしました。
　卒業制作展がアートフェアとして動き出すには、5年ほどかかりましたが、まず目標にしたのは、卒業制作展にお客さんを集めることでした。いいお客さんに来ていただくと、アーティストの能力もどんどん上がっていって、相乗効果が出てきます。お客さんが集まり、お金が動くようになると、作品のレベルが上がり、アートで食えるような流れが自然に出来上がってきます。　（2022年4月）

顧剣亨

前田紗希

単独無寄港世界一周ヨットレース「ヴァンデ・グローブ」に挑む

白石 康次郎
Shiraishi Kojiro
DMG MORI SAILING TEAM スキッパー

■ Profile

しらいし・こうじろう／1967年生まれ、東京都出身。神奈川県立三崎水産高等学校（現海洋科学高等学校）卒。1994年に26歳でヨット単独無寄港無補給世界一周の史上最年少記録（当時）を樹立後、2007年に単独世界一周ヨットレース「5オーシャンズ」クラスⅠで2位、2008年に「Gitana13」クルーとしてサンフランシスコ～横浜間太平洋横断世界最速記録を更新。「Vendée Globe 2020-2021」で16位と、アジア勢で初めて完走。文部科学省子ども居場所事業キャンペーンメンバーなども務める、筑波大学非常勤講師。著書に「精神筋力」（生産性出版）など。

継続性のある「実業団チーム」として参戦

松本　一人で南半球を1周する「Vendée Globe 2020〜2021（以下ヴァンデ・グローブ）」のアジア勢初となる完走、おめでとうございます。日本のヨット界では初めて発足した「実業団チーム」として参戦された快挙ですね。

白石　実業団チームである外洋セーリングチーム「DMG MORI SAILING TEAM」のオーナーである、DMG森精機の森雅彦社長との出会いがあってこそ、今回の結果があったと思っています。うれしかったのは、森社長が今回のヴァンデ・グローブ1試合だけではなくて、長い目でセーリングチームのことを考えてくださったことです。イベントとして単にレースに参加するだけではなく、企業内チームとして、継続性のあるプロセーリングチームをつくっていただきました。広い海に一人で挑むレースはリスクが非常に大きいのです。失敗で終わるだけでなく、最悪死ぬ場合もあるということも申し上げました。成功すれば称賛を浴びるかもしれませんが、完走率は55%です。こういうことも理解して決断していただいたことに、本当に感謝しています。

松本　ヴァンデ・グローブを完走した「DMG MORI Global One（グローバル・ワン）号」は、羽が生えて飛ぶように走るフォイル（水中翼）が付いているなど、最新鋭の艇だとお聞きしました。

白石　ヴァンデ・グローブの面白さは、20年前の艇と、最新鋭の艇が同じ土俵で戦うことです。僕の場合も、初めて出た前回の２０１６~２０１７年の大会は、10数年前の艇で戦いましたが、新たにつくったグローバル・ワン号は、フォイルが付き、内装もデザインも全て新しくしました。大会に参加するには艇の安全に対する規定や大きさの制限はありますが、艇の形は丸くても四角くても良く、装備も自由です。

今は操舵も、一人でずっと舵《かじ》（ラダー）を握っているわけにはいかないので、オートパイロット（自動操舵装置）になっています。それに、いろいろなセンサーやジャイロも付いています。オートパイロットはＡＩ（人工知能）が搭載されていますし、モーターはブラシレス、船の中はＷｉ－Ｆｉで電波を飛ばしていて、配線がいらなくなりました。衛星通信を使って、ＳＮＳ（ソーシャル・ネットワーキング・サービス）のＬＩＮＥもチャットもできます。

電力を確保するために、水中発電機を使っています。艇を走らせながら、後ろの方で小さいプロペラを回して発電して、コンピューターとオートパイロットを動かしています。それに、ソーラー発電も付いています。そうすると、燃料を積まなくても済むので軽量化できます。

松本　私は大学で、人工衛星もつくっていました。人工衛星は一度ロケットから離してしまうと、ヨットと同じで衛星単独で機能しないといけません。そのため、いろいろなセンサーが付いています。中には命取りにつながる部品もあります。例えば、テレメーターが切れてしまったら、何も情報が来なくなり、人工衛星は死んだも同然になります。ですから、装備を二重にします。ヨットの場合も、二重、三重の装備にしているのですか。

白石　装備はレースの目標によって違ってきます。例えば、優勝を目指して2位以下はいらないとなると、予備装備はあまり積みません。装備よりもスピードです。もし装備が壊れても、2位以下はいらないのですからリタイアということになります。
　今回、僕らは完走を目標としました。完走するために、バックアップのバックアップと、三重くらいの装備にしましたので重たくなりました。それから、ラダーが折れた場合に備え、予備ラダーも積んで行きましたので、全部で500キログラムになりました。今回は二重、三重の装備が幸いして、セールが切れるなどのあらゆるトラブルにも対応できました。

いつ何が起こってもいい覚悟

松本　今回のレースでは、遭難事故がありましたが、幸い、別の艇に救助されたそうですが。

白石　僕らは医療講習を受けます。自分で手術をする講習です。大腿骨を折ってしまったりする場合もありますので、ルールでモルヒネも持って行きます。手術のほかにも、内科系の薬を処方したり、サバイバルスーツを着たサバイバル訓練も受けます。僕らはそれらの講習や訓練をかなりみっちりとやってレースに臨みます。遭難した場合、近くに救助に向かう艇がいなければ、場合によっては3日間は海で生き延びなくてはいけません。ただし、南氷洋では水温が5℃なので、サバイバルスーツを着ても1日も持たないと思います。今回は幸い助かりましたが、過去には何人も亡くなっています。

松本　宇宙飛行士もそうですが、やはり救命というのは非常に大事で、事故があったら宇宙船から飛び出せるような工夫がしてあります。私は以前、ロシアのチェルノブイリに行く途中に展示してあったガガーリンが搭乗した宇宙船であるボストーク1号に乗る機会があったのですが、驚いたことに安全装置も何もないのです。これでよく飛んで行ったなと思いました。勇気が必要だったでしょう。ヨットもどんなに装備があっても、危険はそれを上回ることがあるわけで、すごい勇気が必要です。

白石　レースに出るときは、いつ事故が起きてもおかしくないと思っています。ヨットは海を使いますので、不確定要素の一番高い競技です。特に、今一番多い事故はクジラとの激突です。一人で操縦していますし、海の底から上がって来るクジラをよけ切れないのです。世界一危険な競技と言えます。ですから、必要なのは覚悟です。いつ、何か起こってもいいように覚悟しておくことが一番重要で、そうすると恐れがなくなります。覚悟ができなかったら、レースに出ない方が賢明です。

■２０２４年の戦いは、安定した走行で８位以内を目指す

松本　２０２４年のヴァンデ・グローブで上位を目指すには、艇の装備の改善も必要ですね。

白石　８位以内を目標にした次回のレースでは、スピードよりも故障しないで安定的に走るという方向に舵を切っていくつもりです。セールももう少し丈夫にしたいですし、全体的に装備を簡素化

チームボートなどの船団と一緒にフィニッシュに向かうDMG MORI Global One号。

していくつもりです。

昔は、艇は軽くなるようにつくっていました。今は、丈夫につくっています。今回も1艇、昔の艇を改造してフォイルを付けた艇が割れてしまいました。今は大きなフォイルを付けてスピードが上がった分、艇を丈夫にしていこうという傾向が強いですね。艇自体は重くはなりますが、その分揚力で浮きますので、両者のバランスです。今は艇の形よりフォイルの形が重要になっていますが、船首の船底とフォイルを丸みの帯びた形状にリフィット（改装）します。

また、マストも進化しています。昔は、マストは固定していましたが、今はローテーションマストと言って動くようになっており、形も羽みたいに流線形をしています。ところが今、マストの研究は禁止されていて、主催者のワンメイクで使用するマストが決められています。自由に設計をさせると、スピードが上がり危険になり、いずれ大事故につながるからです。選手はもっと速いスピードを求めますが、主催者としてはもうリミットだということで制限しています。

ですから、来年（2022年）までのルールは同じマストということになっていますが、その後は分かりません。制限ばかりしていると、技術が止まってしまいます。次の次の大会ではルールを変えて新しい技術を入れ、マストの自由度をもっと増やした方がいいと思います。（2021年7月）

〈 編者プロフィール 〉

松本 紘 Matsumoto Hiroshi

国際高等研究所所長
理化学研究所前理事長
第25代京都大学総長

1942年生まれ、奈良県出身。
1965年京都大学工学部電子工学科卒業、工学博士。京都大学生存圏研究所長、理事・副学長などを経て、2014年9月まで京都大学総長。2022年3月まで理化学研究所理事長。国際電波科学連合会長、首相官邸および内閣府関係の各種委員、国立大学協会会長を歴任。現在、国際高等研究所所長。ガガーリンメダル（ロシア）、紫綬褒章、Booker Gold Medal（米国）、レジオンドヌール勲章シュヴァリエ（フランス）、名誉大英勲章（英国）、瑞宝大綬章を受賞。主な著編書は「京都から大学を変える」（祥伝社新書）、「改革は実行〜私の履歴書〜」（日本経済新聞社）など。

第25代京都大学総長・松本 紘 対談集
賢知の世界
各界リーダーと考える日本の未来
NDC 300

2024年3月15日　初版1刷発行　定価はカバーに表示してあります。

©編者　松本 紘

発行者　井水治博
発行所　日刊工業新聞社　〒103-8548
東京都中央区日本橋小網町14番1号
書籍編集部　電話 03-5644-7490
販売・管理部　電話 03-5644-7403　FAX 03-5644-7400
URL　https://pub.nikkan.co.jp/
e-mail　info_shuppan@nikkan.tech
振替口座　00190-2-186076

装丁・本文デザイン　志岐デザイン事務所（秋元真菜美）
編集　渡部明浩
撮影　加藤昌人
印刷・製本　新日本印刷㈱

2024 Printed in Japan　落丁・乱丁本はお取り替えいたします。
ISBN　978-4-526-08335-8 C3034